内部审计工作法系列

解审计行为，
辨析审计决策

内部审计
情景案例

刘红生　袁小勇／主编

人民邮电出版社
北京

图书在版编目（CIP）数据

内部审计情景案例：理解审计行为，辨析审计决策 /
刘红生，袁小勇主编. -- 北京：人民邮电出版社，
2022.9（2022.9重印）
（内部审计工作法系列）
ISBN 978-7-115-59212-5

Ⅰ．①内… Ⅱ．①刘… ②袁… Ⅲ．①内部审计
Ⅳ．①F239.45

中国版本图书馆CIP数据核字(2022)第073581号

内 容 提 要

作为一门实践型的学科，内部审计的问题更多地蕴含在真实的工作场景中，生动鲜活的情景案例可以更好地回答审计工作中的"如何"和"为什么"，更好地呈现审计行为所处的情境并能够对其进行丰富描述和探索思考。本书利用情景案例的方式传授给读者内审方面的理论与实务知识，全书共18个情景案例，通过情景认知、情景导入、情景演示、信息反馈让读者处身于某个具体的情景之中，作为案例中的主角，主动参与案例的分析与思考，以案说理、涉及面广、结构新颖、形式多样。希望读者在阅读完本书后可以对审计时的行为决策有更深入的理解，从而提高审计能力与水平。

◆ 主　　编　刘红生　袁小勇
　　责任编辑　刘晓莹
　　责任印制　周昇亮
◆ 人民邮电出版社出版发行　　北京市丰台区成寿寺路 11 号
　　邮编　100164　电子邮件　315@ptpress.com.cn
　　网址　https://www.ptpress.com.cn
　　涿州市京南印刷厂印刷
◆ 开本：700×1000　1/16
　　印张：16.25　　　　　　　　　2022 年 9 月第 1 版
　　字数：233 千字　　　　　　　2022 年 9 月河北第 2 次印刷

定价：79.80 元

读者服务热线：(010)81055296　印装质量热线：(010)81055316
反盗版热线：(010)81055315
广告经营许可证：京东市监广登字 20170147 号

内部审计工作法系列丛书
编委会

总主编： 袁小勇　林云忠

编委会主任： 李　越　尹维劼

编委（按姓氏音序排列）：

陈宋生　陈小欢　陈　泽　董君飞　葛绍丰　恭竟平　郭长水　纪新伟

李春节　刘红生　刘晓莹　刘　姿　鲁　垚　荣　欣　施爱芬　屠雯珺

徐　璐　徐荣华　徐晓东　许建军　杨芸芸　袁梦月　周　平

总 序

近日，作为第一读者阅读了人民邮电出版社即将出版的"内部审计工作法系列"丛书送审稿后，我很兴奋。这套丛书共五本，有理论，有方法，还有案例分享，特别是《内部审计思维与沟通》一书，紧紧抓住了内部审计的两大基本技能并进行深入阐述，达到了很好的效果。在审计实务方面，本套丛书将内部审计区分为"增值型"与"合规型"两大类别，较好地反映了内部审计在企业和行政事业单位的工作实际；《内部审计情景案例》一书以案释纪、以案说理，给人留下深刻的印象；《内部审计工作指南》一书条理清晰、重点明确，涵盖了内部审计全流程的核心工作。

本套丛书的作者皆是来自内部审计一线的理论与实务工作者，他们在书中认真分析、借鉴和总结了当前国内外内部审计先进的理念和方法，他们勤于思考、思维开阔、洞察力强，衷心希望他们和这套丛书都可以为我国内部审计事业的发展添砖加瓦。

第十一届全国政协副主席

审计署原审计长

中国内部审计协会名誉会长

2022. 5. 28

图 1　李金华副主席与本套丛书作者代表
2017 年 11 月，在全国内部审计"双先"表彰大会期间的合影，
左起：荣欣、林云忠、李金华、杨芸芸

图 2　李金华副主席、李如祥副会长与本套丛书作者代表
2018 年 9 月，在中国内部审计协会第七届理事会第一次会议时的合影，
左起：荣欣、李如祥、李金华、林云忠、周平

内部审计是建立于组织内部、服务于管理部门的一种独立的检查、监督和评价的活动，是为了适应和满足一个组织的内生动力与内在需要而产生的职业，因其具有"术业有专攻"的专业胜任能力要求，所以更彰显出其在组织管理中所不可替代的地位。正因为如此，在现代组织管理理论中，内部审计作为组织治理的四大基石之一（董事会、高级管理层、外部审计、内部审计），被誉为是"对管理者的再管理，对监督者的再监督"的职业。

随着中国经济快速发展，中央高层越来越重视内部审计工作。2018 年，中央审计委员会第一次会议上指出"审计是党和国家监督体系的重要组成部分。……要加强对内部审计工作的指导和监督，调动内部审计和社会审计的力量，增强审计监督合力"。可以说，内部审计作为我国审计监督体系中重要的组成部分，迎来了加快发展的"春天"。未来十年，也将迎来我国内部审计前所未有的发展机遇期。

实务的发展需要理论的支持，理论的价值需要实务去印证，内部审计实务图书的高质量建设在内部审计人才培养中具有重要地位。正是基于对这一价值观的认识和对审计行业的高度使命驱动，袁小勇、林云忠等一批具有深厚理论功底和丰富实践经验的专家学者，集思广益、默默耕耘、精雕细琢、系统探索，编写了这套"内部审计工作法系列"丛书。

本套丛书从综合结构与编写思路上来看，既有审计基础理论的阐述与创新

（《内部审计工作指南》《内部审计思维与沟通》）；也有审计实务的指导（《合规型内部审计》《增值型内部审计》）；还有审计案例的分析与探讨（《内部审计情景案例》），可以说是一套设计思路清晰、逻辑结构合理、内容务实完整、层次递进互补的"内部审计工作法"体系。

在具体内容上，本套丛书的作者均是从事审计理论与实务的资深专家，深知审计实务中的重点、热点、痛点与难点。因此，在写作过程中，作者们能够以《国际内部审计实务框架》和《中国内部审计准则》为基础、作依据，以党和国家对内部审计工作的新要求为标准、作指引，力求实现理论与实务相结合。

我作为本套丛书的第一读者，深感荣幸，也相信本套丛书会给读者日常工作带来启发与收获，给理论探讨提供思路与指导，感谢作者与编写者们的辛苦劳动与智慧付出，希望作者、编者与读者一道，立足本职工作，深耕专业领域，在健全内控、揭示舞弊、提示风险、评估价值、提升效益、保障利益相关人权益等方面作出自己应尽的努力，为中国内部审计的发展作出自己应有的贡献。

中国内部审计协会副会长

雅戈尔集团监事会主席

李如祥

2022 年 5 月 7 日于宁波

推荐序二

从全球视角看，内部审计理论产生于 20 世纪 40 年代初。1942 年，随着维克托·Z. 布林克 (Victor Z. Brink) 的著作《内部审计——性质、职能和程序方法》的出版，内部审计理论得以面世。80 年来，内部审计职业在快速发展，内部审计理论研究也在不断升温，而系列研究成果陆续问世、理论体系日渐成熟，也指导着内部审计实践发展。我国内部审计起步于 20 世纪 80 年代初，伴随国家审计事业的发展，其功能、作用也在不断提升，社会各界对内部审计价值需求更是非常迫切。毋庸置疑，21 世纪以来，我国内部审计事业进入了高速发展的快车道，以增加价值为目标的现代管理审计蓬勃发展。今天，中国特色社会主义进入新时代，我国的经济社会环境也发生了巨大的变化，环境的变化对审计理论研究和实践体系创新提出了新要求。

宁波市内部审计协会副会长林云忠，教育部审计学课程思政教学名师（2021 年）、首都经济贸易大学会计学院案例研究中心主任袁小勇等一批专家学者基于深厚的理论功底和丰富的实践经验，编写了这套"内部审计工作法系列"丛书，书名分别是《内部审计工作指南》《内部审计思维与沟通》《合规型内部审计》《增值型内部审计》《内部审计情景案例》，我能先睹为快，欣喜无比。

这套丛书是在新时代内部审计面临高质量发展的大时代背景下编写的，在继承、发展传统内部审计理论的基础上，以习近平新时代中国特色社会主义思想为指引，彰显了中国特色社会主义内部审计理论的精髓和特色，具有创新性和前瞻性。这套丛书的内容体例完整，既有基础理论的发展与创新，也有实践的应用与指导。

在《内部审计工作指南》中，作者从内部审计发展、演变的脉络出发，应用内部审计理论、管理学理论等相关学科知识，阐述了现代内部审计业务的内涵和外延，展开了对财政财务收支审计、经济活动审计、内部控制审计、风险管理审计等核心内容的论述，并以上述业务为基础，深入探讨了内部审计程序和方法、进阶数智应用的路径及内部审计部门的管理。

在《内部审计思维与沟通》中，作者从审计主体出发，运用案例分析法，就审计思维的内涵、内部审计思维体系的构成、审计思维在内部审计工作中的运用等相关内容进行了阐述，这是在一般审计流程描述基础上的一次飞跃和升华。

在《合规型内部审计》中，作者从国内外内部审计理论和实践的比较分析入手，结合我国的审计实践案例，运用委托代理理论等相关学科知识，界定了合规性审计与合规型内部审计的概念和发展逻辑，进一步探讨了开展合规型内部审计中审计业务的方法，使内部审计业务在合规性审计视域下的理论和应用更加丰富。

在《增值型内部审计》中，作者从"什么是增值型内部审计"这一问题出发，清晰地界定了增值型内部审计的概念，这本身就是一个理论创新。众所周知，增值型内部审计的概念是 IIA 在 2001 年发布的《国际内部审计专业实务框架》（IPPF）中第一次提出的，之后，国内外专家学者开始了对"什么是内部审计价值""内部审计怎么帮助组织增加价值"等一系列问题的探讨，实务界也开始了对增值型内部审计的实践探索，但到目前为止，对增值型内部审计概念尚未有一个统一的解释和定义，这本书在这些方面却给出了独到的观点和解读，并与《合规型内部审计》相互印证，使《增值型内部审计》框架清晰可辨。

在《内部审计情景案例》中，作者以不同组织类型的内部审计实践为原型，基于丰富的培训经验，来契合读者的学习需求，用讲故事的方式再现内部审计实务情景，使内部审计业务更加形象、真实。

这套丛书的内容相互支撑、互为印证，体现了很好的内在逻辑。同时，每本书都有理论分析和应用案例，能够自成体系，紧扣主题；丛书在写作方法方面也有所创新，采用了问题导向、逻辑分析加应用指引的方式，有助于读者学习和理解，引人入胜；丛书契合中国国情和内部审计环境，有厚度、有内涵；丛书的作者都有长期参加内部审计、主管内部审计工作的丰富经验，对内部审计充满了热爱，他们将理论修养、实践经验和内部审计情感全部带入这套丛书中，使这套丛书更具情怀。

相信这套丛书会给读者一个全新的感受，会使读者受到很好启迪的同时收获丰富的知识。感谢作者们的努力，向各位作者致敬！

中国内部审计协会准则专业委员会副主任委员

南京财经大学副校长

时 现

2022 年 4 月 7 日于南京

推荐序三

经济越发展，审计越重要。随着中国经济的快速发展，国家越来越重视内部审计工作。2019年10月发布的《中共中央关于坚持和完善中国特色社会主义制度推进国家治理体系和治理能力现代化若干重大问题的决定》对坚持和完善党和国家监督体系进行了部署，审计监督作为党和国家监督体系的有机组成部分，是推进国家治理体系和治理能力现代化的重要力量。内部审计作为我国审计监督体系的重要组成部分，被寄予了越来越多的期待，这也为内部审计机构和内部审计人员在组织机构中占据新的位置提供了极好的机遇。

因此，内部审计对于人才的需求量越来越大，越来越多的年轻人投身于内部审计的工作之中。但是目前国内开设内部审计课程的高校却寥寥无几，且内部审计作为一门实践性较强的学科，对工作人员的综合素质和工作能力有着较高的要求，无论是刚刚进入内部审计行业的年轻人，还是具有一定工作经验的内部审计工作者，在内部审计实务工作方面都需要一定的指导和点拨。目前已出版的内部审计书籍品种少、缺乏体系性的策划，在内容的完整性和实用性方面均有所缺失，因此需要一批理论与实务经验丰富、对内部审计工作有深刻理解和认识的权威专家作为创作者，打造一套贴近实务、知识体系完整的内部审计实务工作学习读物，在弥补市场空白、树立行业标杆的同时，为广大的内部审计工作人员提供科学的指导，推动我国内部审计的人才培养，为我国内部审计的行业发展做出贡献。在此背景下，以袁小勇、林云忠为代表的一批具有丰富实践经验和理论功底的专家学者，勇于担当，通过大量的实践调研和线上线下的会议来征求意见，深耕细作、努力探索，编写了这套"内部审计工作法系列"丛书。

本套丛书有以下几个特点。

一是内容体系完整、层次递进互补。丛书共五册，既有内部审计理论（《内部审计工作指南》《内部审计思维与沟通》），又有内部审计工作实务（《合规型内部审计》《增值型内部审计》），还有内部审计案例分析研讨（《内部审计情景案例》），是一套逻辑结构完整、层次递进互补的内部审计工作法系列丛书。

二是重视审计思想、突出核心能力。2015 年 CBOK 对全球内部审计从业人员进行的三次调查表明，思维与沟通是内部审计师必须具备的两项核心能力，越来越受到审计职业人士的重视。《内部审计思维与沟通》对这两项核心能力进行了全面、系统的阐述，抓住了内部审计人才建设的核心，有助于内部审计工作者建立内部审计思维，提高审计推理与沟通技能，增进对内部审计工作的理解。

三是捕捉时代热点、紧抓实务要点。《合规型内部审计》是国内外经济环境变化速度快，合规性审查越来越趋于常态化、严厉化的一种产物，在目前内部审计图书市场中它属于创新性的产品，难能可贵。《增值型内部审计》是从 21 世纪内部审计发展的新理念、新要求出发，对现代内部审计职能进行重新定位后的一种全面阐述。本书内容包含增值型内部审计的开展方式与主要方法，增值型内部审计在采购环节、生产环节、销售环节、基建环节等方面的具体应用，内容非常丰富。

四是以案说理，引起读者思索。《内部审计情景案例》以情景案例的形式，通过情景认知、情景导入、情景演示、专家点评等元素，让读者置身于某个具体的审计情景之中——以自己作为案例中的主角，主动参与案例的分析与思考，从而增强自己在学习与工作中的思考能力，也能为内部审计实务工作者提供借鉴。

本套丛书既适用于各类审计实务工作者、纪检监察人员阅读、研究，也可以作为高等学校财会审计类专业大学生、研究生的参考教材，还可作为从事内部审计研究者的参考读物。

借此机会，谨向付出了艰辛劳动的全体作者及出版社的编辑人员致以崇高的敬意，向为丛书创作提供支持与帮助的各界人士表示衷心的感谢。

复旦大学管理学院教授

李若山

2022 年 5 月 11 日于上海

丛书前言

　　进入 21 世纪以来，内部审计在推动组织治理、风险管理和实现战略目标等方面所发挥的重大价值越来越引起世界范围内的高度重视。内部审计师作为一个与经济紧密交织的全球性职业，正在展示其卓越的领导力、灵活性和相关性。在中国，随着经济的稳定发展，越来越多的年轻人加入内部审计的队伍，为防范组织风险的最后一道防线助力。面对新形势，内部审计理论研究者和实务工作者必须突破传统的职能定位和工作思路，重新审视内部审计在组织治理中的地位及所肩负的新使命和新要求，并结合内部审计工作实际，调整内部审计工作视角，改变内部审计工作思路，以新姿态、新举措、新作为，促进内部审计工作高质量发展。为了系统地帮助与指导审计实务工作者更好地开展内部审计工作，在中国内部审计协会的支持与鼓励下，人民邮电出版社联合内部审计一线工作的专家、教授和全国内部审计先进工作者，组成了"内部审计工作法系列"丛书编委会。

　　编委会在线上、线下经过充分的会议讨论，通过调研、征求部分国有企业和民营企业中内部审计实务工作者的建议，将内部审计按工作的重心分为两大类：合规型内部审计与增值型内部审计，前者主要在行政事业单位运用较多，后者主要在企业单位运用较多。考虑到审计思维与沟通这两大基本技能在内部审计工作中的重要性，以及内部审计实务工作者对案例分析研究的需求，编委会决定本套丛书确定为以下五部图书：《内部审计工作指南》《内部审计思维

与沟通》《合规型内部审计》《增值型内部审计》《内部审计情景案例》。这
五本书的逻辑关系如图3所示。

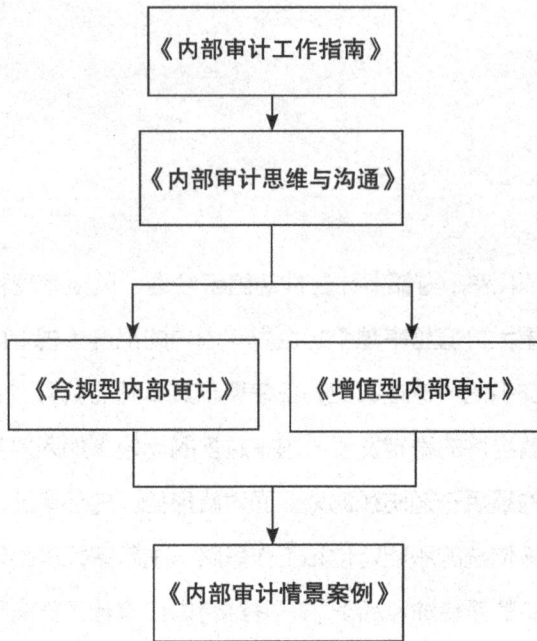

```
┌─────────────────────────┐
│   《内部审计工作指南》    │
└─────────────────────────┘
            │
            ▼
┌─────────────────────────┐
│  《内部审计思维与沟通》   │
└─────────────────────────┘
            │
      ┌─────┴─────┐
      ▼           ▼
┌──────────┐  ┌──────────┐
│《合规型   │  │《增值型   │
│内部审计》 │  │内部审计》 │
└──────────┘  └──────────┘
      │           │
      └─────┬─────┘
            ▼
┌─────────────────────────┐
│  《内部审计情景案例》     │
└─────────────────────────┘
```

图3 "内部审计工作法系列"丛书的逻辑关系

　　《内部审计工作指南》作为本套丛书第一部，相当于内部审计的基本原理。
本书紧紧围绕中国内部审计准则和审计署关于内部审计的规定，以及党和国家
对内部审计工作的新要求来撰写，内容涉及内部审计的职能与使命、内部审计
核心业务类型、审计计划制订、审计方案实施、审计报告、审计结果运用与后
续审计等。

　　《内部审计思维与沟通》作为本套丛书第二部，是对内部审计两大基本技
能的系统阐述。本书紧紧围绕审计思维与沟通这两个重要主题，帮助内部审计
工作者建立内部审计思维、提高审计推理能力，通过分享内部审计沟通技巧，
增进读者对内部审计工作的理解。

　　《合规型内部审计》作为本套丛书第三部，第一次系统地对合规型内部审计进行全方位的探讨。本书从理论、方法、案例三个维度对组织违法违纪违规、领导干部失职渎职、员工舞弊、内控失效等典型的合规性问题进行深入系统的分析，帮助读者阔眼界、明规律、理思路、懂策略、识大体。

　　《增值型内部审计》作为本套丛书第四部，以全国内部审计先进单位——方太集团这一民营企业为原型，第一次把增值型内部审计理念、具体场景与企业组织管理的特征有机地结合在一起，从采购、生产、销售、基建等环节具体讲述内部审计是如何发挥增值作用的，让读者能够得到更好的审计实践体验。

　　《内部审计情景案例》作为本套丛书第五部，以情景案例的形式，通过情景认知、情景导入、情景演示、专家点评等元素，让读者置身于某个具体的审计情景之中——以自己作为案例中的主角，主动参与内部审计案例的分析与思考，从而增强自己在学习与工作中的思考能力，也为行政事业单位和企业的内部审计实务工作提供借鉴。

　　在写作人员的组成上，编委会重视理论与实务相结合。在理论方面，选择具有较深理论功底的专家学者，如陈宋生，中国内部审计协会准则专业委员会副主任，北京理工大学博士生导师；郭长水，高级审计师，上海海事大学审计处处长；徐荣华，中国注册会计师，国际注册内部审计师，宁波大学商学院副教授；荣欣，全国内部审计先进工作者，万里学院监察部部长。在实务方面，选择经验非常丰富的实务专家，如纪新伟，全国会计领军人才，中国兵器工业集团北方国际合作股份有限公司财务金融部主任；周平，宁波方太厨具有限公司审计部（2014—2016 年度全国内部审计先进单位）部长；葛绍丰，高级审计师，浙江省内部审计实务专家；陈泽，北京用友审计软件有限公司总裁。本丛书还有多位审计理论与实务经验丰富的全国内部审计先进工作者参与，如刘红生博士，2017—2019 年全国内部审计先进工作者，宁波市内部审计协会副秘书长，宁波鄞州农村商业银行审计部总经理；杨芸芸，2014—2016 年度全国内部审计先进工作者，宁海县高级审计师。

在写作过程中，编委会深入北京、宁波、温州等地进行实地考察，与部分全国内部审计工作先进单位和先进工作者进行座谈，掌握内部审计需求与发展状况的一手材料。

在写作风格上，本套丛书力求在内部审计理论的阐述上深入浅出，在审计案例分析中详尽细致，并依据各章特点设置"思考与探索""案例讨论延伸""审计名人名言"等内容，有助于读者全面提升内部审计思维能力与实务处理能力。

本套丛书是关于内部审计实务探讨方面的一种新尝试，尤其是《内部审计思维与沟通》《合规型内部审计》《增值型内部审计》《内部审计情景案例》这四本书的选题角度都十分新颖，有一定的写作难度，对作者来说也是一种挑战。因此，我们期待本套丛书能够得到读者的喜爱，另一方面也欢迎读者对于书中不尽满意之处进行批评指正。

袁小勇 林云忠

2022 年 3 月

本书前言

作为审计研究方法的一个重要分支，审计案例研究注重回答"如何""为什么"的问题，强调审计现象所处的现实情境并能够对其进行丰富描述和探索思考，这特别适合年轻的审计实务工作者学习。因此，我们特别组织了审计理论与实务功底深厚的部分专家编写了本书。本书具有以下特点。

特点一：以案说理。案例研究就是以案说理，说得通俗点，就是摆事实、讲道理。只是这个道理是从"事"中分析出来的，"理"是蕴含于"事"的。因此，案例研究离不开"讲故事"。有影响力、能引起读者兴趣的案例，往往就在于那些能够引人入胜的好故事。一项研究报告如果能像讲故事一样阐述其理论，则会给人留下深刻的印象[①]。甚至有的学者认为，在案例研究中，讲述好的故事比创建好的构念更加重要[②]。基于这些理念，本书收集了审计实务中发生的一些代表性案例，以讲故事的形式，通过设定情境、展示过程来揭示关系，引导读者对案例中所蕴藏的道理加以分析和讨论，提炼与升华审计理论，进一步指导审计实务。

特点二：涉及面广。从案例涉及的领域看，本书案例涉及行政单位审计、

---

① 陈昭全，张志学．管理研究中的理论建构 [M]// 陈晓萍，沈伟．组织与管理研究的实证方法．北京：北京大学出版社，2018.
② DYER W G,WILKINS A L,1991,'Better Stories,Not Better Constructs,to Generate Better Theory:A Rejoinder to Eisenhardt',Academy of Management Review,16(3):613-619.

事业单位审计、企业（含金融）审计和农村审计。从案例涉及的层面来看，本书案例涉及"道""法""术""器"四个层次。"道"指的是审计思维、审计理念、审计文化、价值观等，"法"指的是审计策略、审计程序、审计方法等，"术"指的是审计要点、审计技巧与经验等，"器"指的是审计工具、审计清单等。从案例涉及的内容来看，本书案例包括审计策略的制定、审计方案的形成、审计方法的选取、审计调查受限、审计发现的确认、审计意见与结论、审计建议的说服、审计冲突等。

特点三：结构新颖。近年来，编者在审计培训与情景案例教学实践过程中逐渐摸索出了情景案例设计的四要素，即：案例选题设计与读者的学习目标、要求相适宜；情景案例中应包含内部审计常见业务的主要知识点；在案例设计中，利用知识迁移，促进读者将所学知识融会贯通；在案例设计中巧妙设疑，引导读者积极思考，调动读者主动探究知识的兴趣。

特点四：格式多样。本书案例的写作格式有多种，但都有故事情节，能引人入胜，促进读者深入思考。本书案例主要有两种格式。格式一：案例背景—讨论情景及专家点评—延伸思考。"案例背景"是对案例情况的一个基本交代；"讨论情景"是对案例引发的各种思考；"专家点评"是给读者的一个更正确的认识；"延伸思考"是为了让读者举一反三，进一步思考类似问题。格式二：案例背景—事件过程—问题分析与解决过程—回顾与思考—专家提示。

本书由刘红生、袁小勇作为主编，董君飞、杨芸芸、陈小欢作为副主编进行编写，具体写作情况如下：案例 1 由北京市内部审计协会理事、教育部审计学课程思政教学名师（2021 年）、首都经济贸易大学会计学院案例研究中心主任袁小勇编写；案例 2、案例 3、案例 4、案例 5、案例 6、案例 17 由高级审计师、2017—2019 年全国内部审计先进工作者、宁波市内部审计协会副秘书长、宁波鄞州农村商业银行审计部总经理刘红生博士编写；案例 7、案例 8 由高级审计师、余姚市内部审计协会秘书长董君飞编写；案例 9 由高级审计师、2014—2016 年全国内部审计先进工作者、宁海县农村集体经济审计中心杨芸芸编写；案例 10、案例 11 由高级审计师、浙江省内部审计实务专家葛绍丰编写；案例 12 由首都经济贸易大学伍铭君、张媛媛、袁小勇编写；案例 13 由首都经济贸易大学高欣、彭涵宇、袁小勇编写；案例 14 由首都经济贸易大学郭思涵、刘丹、袁小勇编写；案例 15 由首都经济贸易大学张蕾、李琪宁、李佳琪、段文哲编写；案例 16 由国际注册内部审计师、中国内部审计协会职业发展委员会委员、宁波市内部审计协会副会长林云忠编写；案例 18 由北京数圣会计师事务所有限公司资深审计师陈小欢编写。

本书最后由刘红生、袁小勇定稿。

本书可作为纪检、监察、巡视等监管部门工作人员和高等财经类院校教师、学生等进行工作、学习和研究的工具书。在写作过程中，个别案例的"案例背景"素材源自网络，虽然作者已在书中标注，但若来源标注错误或侵犯了您的合法权益，请联系我们，我们将及时更正，谢谢。

内部审计需要探讨的问题很多，本书案例思考也只代表编者个人观点。不足之处，望广大读者不吝赐教。

刘红生　袁小勇
2021 年 12 月 16 日

目 录

案例 3　流程与结果哪个更重要

案例 4　丢失的审计证据

案例 5

对与错的较量

案例 6

苦涩的收益

案例7 集体的“钱袋子”岂能随意松开

案例8 良好收益岂能掩盖违法事实

案例 9

农村工程"唐僧肉"，内部审计"护真经"

案例 10

"三顾茅庐"遭遇"罗生门"

案例
11

"三堂会审"下的"老实人"现形记

案例
12

内部审计人员被指责咄咄逼人怎么办

案例
13

跨越雷池，人力资源审计引发大麻烦

案例
14

用人失策，审计报告遭质疑

案例 15

内部审计是否被人利用

案例 16

内部审计怎样才能成为领导的"贴心人"

案例 17　内部审计怎样才能成为职场"香饽饽"

案例 18

内部审计怎样才能"讨人爱"

案例一

内部机密外露，内部
审计报告上报税务局

审计与会计计量和认定的基础有关，审计是分析性的，
而非构建性的；审计是批判性的、审查性的。

——莫茨和夏拉夫

1.1
案例背景

　　F 公司一个内审小组发现，集团下属部分子公司对于一些现金送礼、临时奖励等无法获取合法票据的费用，通过内部编造各种业务、开具劳务发票来入账。考虑到公司正在筹划上市，内审小组经过审慎考虑，决定在审计报告初稿中披露这一情况，并建议财务部门注意遵守税收法规。集团审计部收到审计报告初稿及全部审计工作底稿后，出具复核意见：审计报告初稿中涉及税务的问题，比较敏感，应通过内部专题会议表达审计师意见，不宜出现在正式审计报告中，非涉税部分可以形成正式审计报告。同时告知内审小组，有关涉税问题审计工作底稿不予存档，暂由总部另行存放，审计报告初稿的书面和电子版本全部销毁。

　　起草报告的审计小组成员将其最近工作文件夹下的所有文件复制给了审计部的新员工，以帮助该员工熟悉情况、了解公司审计流程。该员工获得了前述审计报告初稿后，出于个人原因，将这些情况举报到当地税务局。税务局旋即向 F 公司发出税务稽查通知，专门调查 F 公司的税务违规情况。①

---

① 素材源自张大春在中国会计视野上发表的文章。

1.2 讨论情景及专家点评

F 公司所在的市内部审计协会了解到这一事件之后，组织了一次非正式的内部讨论会议，邀请了四位业内人士（以下简称"内审 A""内审 B""内审 C""内审 D"并非都是专家），围绕以下五个主题进行讨论。

讨论主题 1
内部审计对审计发现的税务违规问题应该如何报告？

内审 A：可以向内部审计部门的主管领导口头汇报，个人认为不应该留下书面资料。

内审 B：对于内部审计部门发现的税务问题，内部审计人员有义务和责任向公司内部相关主管领导或权力机构进行书面报告，报告内容包括发现的问题、问题可能对公司产生的影响以及内部审计部门的处理建议等。

内审 C：我以为应该先同被审计单位的上级单位和直属业务部门主管进行沟通，了解这些违规行为是各子公司的自身行为，还是经过最高管理层允许或默许的行为。如果是个别子公司自身行为，可以直接向主管单位最高管理层进行口头汇报，内部审计人员为了保护自身，可以录音，由内部审计部门最高管理层加密后留档。如果经过最高管理层允许或默许，最好应口头告诉他，这样做有风险。

内审 D：我认为内部审计对审计发现的税务违规问题，应向内部审计部门负责人报告，再由内部审计部门负责人向公司分管内部审计工作的直接领导报告，但在审计报告初稿上必须反映此类问题。

专家点评

四位业内人士的观点有着惊人的相似，都强调必须报告，且最好先向内部审计部门领导报告，再由部门领导考虑怎样向管理层报告；而对于报告的方式，则有区别，有人希望口头报告，不留书面资料，有人要求书面报告，并强调保密。问题的核心是内部审计部门对敏感信息的处理要慎重。COSO 报告建议，发现公司内部缺陷的员工可直接向公司内部监督部门或向不对问题负直接责任的管理层报告缺陷。**对于敏感信息的报告，应有单独的沟通渠道。该等审计发现其实已经属于舞弊发现的范畴，应该遵照《第2204 号内部审计具体准则——对舞弊行为进行检查和报告》的要求来处理，而不是对这些问题遮遮掩掩。**

讨论主题 2
审计小组的审计报告初稿是否必须包含涉税违规事项及报告方式是否存在问题？

内审 A：审计小组根本不需要讨论，也不必马上将涉税违规事项纳入审计报告初稿，只要发现人员和审计小组组长知道就行，应先行口头汇报并获取上级对处理该问题的指导意见。

内审 B：既然是敏感问题，最好是在和主管领导口头沟通后再决定是否写入审计报告、审计工作底稿。

内审 C：审计报告初稿可以包括涉税违规事项的描述，初稿报告方式不存在问题，但不应该纳入正式报告。

内审 D：审计报告初稿报告方式存在不当，不应该包括涉税违规事项的描述，但应该在审计工作底稿中加以描述，此类工作底稿应经过加密后留档。

专家点评

对于审计报告初稿是否必须包括涉税违规事项，以及具体报告方式，赞同和反对的人都有。对于涉税违规事项，审计小组应该先进行讨论，判断审计发现问题的性质及对公司可能造成的影响程度；同时，也可以向上级进行口头汇报以获取上级对处理该问题的指导意见。**通常，涉税违规事项已经属于舞弊发现的范畴，属于重要的审计发现，应该在审计工作底稿和审计报告初稿中详细报告这一审计发现。**

讨论主题 3
如何看待集团审计部的复核意见？集团审计部要求下属不再保留与涉税违规问题有关资料的做法是否合理？

内审 A： 由于涉及敏感问题，这个复核意见是合适的，不写入审计报告不代表不处理问题。审计工作底稿属于公司，因此集团审计部对于敏感且有潜藏风险的底稿的处理方法是合适的。

内审 B： 可以不写入正式的审计报告，但是不写入审计报告的前提是被审计单位已经整改，而且以后也不会再犯。内部审计部门应该向上级领导进行遵纪守法的宣传，发现重大问题不报告，有违内部审计人员职业道德。

内审 C： 一些特殊事项还是需要备案的，不赞同销毁底稿的做法。这有几方面的原因：一是从整个企业的内控体系来讲，此类事项或做法会产生高风险，需确定为重点关注对象，要有相应的严密的防范措施，如果不留书面资料，不利于进行危机管理；二是有备案就会对管理对象产生受控效应，如果没有这些资料，很容易让管理对象感觉问题轻微，没有足够的重视而使问题升级；三是可以通过特殊事项备案程序，让对特殊事项有需求的管理者承担起责任，有利于企业规避风险。

内审 D：集团审计部的复核意见中要求下属审计部门不再保留有关涉税违规问题的有关底稿的做法是不妥的，虽然不一定在正式审计报告中报告此类问题，但审计底稿还是要保留的，这涉及审计风险问题。

专家点评

这个复核意见，算是表明了一种态度，即涉税违规问题不要写进审计报告；同时说明涉税违规问题需要解决，但应采取低调的处理方式。这可能是目前很多企业内部审计部门惯常采取的做法，但这一做法并不恰当。从上面业内人士的观点来看，我们看到了企业内部审计部门在类似问题上虽然具备发现问题的能力，但还欠缺披露问题的勇气。

讨论主题 4
关于审计部门新员工，如何让他熟悉情况？老员工可以将文件或电子资料直接复制给新员工吗？

内审 A：我认为该审计部遇到的情形代表了部分我国企业内部审计的现状。内部审计人员的泄密问题是很难避免的。对于新入职的员工可以对其保密一年，但三年、五年就难说了。我们公司就发生过老员工去市场监督管理机关、税务机关恶意检举报告的事情。

内审 B：让新员工熟悉的主要内容应该是公司的业务、制度及流程，以前所做的审计项目的文件或电子资料肯定不能给他。内审部门应该形成一套流程，即使不是新员工，涉及机密的事情，非该项目的审计人员也不应该知晓情况。

内审 C：对于审计部门新员工，审计部门应当让他熟悉一切公开的审计资料，敏感资料前期不应当让其接触；分配审计任务时，敏感事项不应当分配给新员工；文件或电子资料最好不要直接复制给新员工，让其接触公开的纸质审计资料即可；个人经验，培养一个合格的内审人员需要 3~5 年，太早接触过多资料，他们也消化吸收不了。

内审 D：对于新员工来说，尽快熟悉审计流程的方法是多看一些已经处理结束的审计档案资料，以及参与一些审计项目，在审计的过程中熟悉审计流程。老员工直接将文件或电子资料复制给新员工的做法是不可取的。审计部门应该建立审计报告和工作底稿的分级制度，不但对新员工，对老员工也应该分级共享。

专家点评

对于一般员工而言，如若发现严重税务违法事项，是可以直接向税务机关上报揭发的。但对于内部审计人员来说，发现违法违规事项本身就是其主要职责，当发现这类问题时，首先要做的是按照公司内部规程来处理，而不是直接对外举报。**为让新员工熟悉情况，审计经理应该将公司审计制度、流程和手册提供给新员工，对于以往的审计档案等应有接触限制以防止恶意事件的发生。**公司政策应对新员工在各个阶段可以接触的资料有系统性规定，随着员工在企业的发展，逐步接触到更全面的资料。

讨论主题 5
内部审计人员将所任职公司涉税违规问题上报给地方税务部门，这一行为是否违反内部审计人员职业道德？

内审 A：《第 1201 号——内部审计人员职业道德规范》要求内部审计人员应当对实施内部审计业务所获取的信息保密。因此，内部审计人员将所任职公司涉税违规问题上报给地方税务部门，是有违内部审计人员职业道德的。

内审 B：内部审计工作的性质决定了内部审计人员经常会接触组织的

机密的内部信息及资料，内部审计人员有责任对这些信息及资料保密。如果内部审计人员将所任职公司涉税违规问题上报给地方税务部门，会给将来的内部审计工作带来很大的阻碍。

内审 C：我个人认为内部审计人员这样做是违反内部审计人员职业道德的。发现公司有涉税违规问题，首先应该向公司高层汇报，由公司内部进行处理。只有公司高层不进行处理，才可以考虑对外部监管机构进行报告。

内审 D：对于公司严重违法违规行为，内部审计人员作为一个公民，是可以向外部监管机构举报的。

专家点评

审计机密资料披露给税务局，引发税务稽查，并由此展开对内部审计人员职业道德问题的热议。《第 1201 号——内部审计人员职业道德规范》第十八条规定："内部审计人员应当对实施内部审计业务所获取的信息保密，非因有效授权、法律规定或其他合法事由不得披露。"由此看出，内部审计人员对于发现的问题，并非不能对外披露，关键是看违法违规问题的性质的严重程度，是否需要立即由外部监管机构查处。**通常而言，内部审计人员发现违法违规问题，首先是向审计小组报告，然后是向相应的管理层报告。**报告的内容主要包括违法违规问题的性质、涉及人员、手段及原因、检查结论、处理意见、提出的建议及纠正措施等。如管理层对违法违规问题不做处理，内部审计人员可以向公司董事会、审计委员会报告，如问题仍未得到有效解决，内部审计人员可行使普通公民义务，直接向监管部门检举报告。因此，通常情况下内部审计人员将所任职公司涉税违规问题不通过内部渠道就直接上报给地方税务部门的行为，是违反内部审计职业道德的。

1.3

延伸思考

这是关于企业涉税违规的审计案例。本案例其实需要讨论的问题还有不少，比如，这件泄露事情的发生会不会让 F 公司对审计部门和审计小组采取一些相应的措施；对审计人员要求签署保密协议能避免此类事件的发生吗；将来招聘内部审计人员时，F 公司的人力资源政策会做怎样的调整；对于包含公司高度机密的内部审计报告与工作底稿应该怎样与外部审计师分享；F 公司是否应该出台违规问题审计指引，该指引应包括哪些组成部分，关键内容又是什么；等等。所有这些问题，都是值得我们去深入思考的。

当然，类似的企业违法违规及舞弊问题还有很多。比如，严重的失职渎职问题、环保问题、食品安全问题等。通过这个案例，我们可以看到，在目前的国内企业，内部审计部门在审计内部一些违规违法问题时，处境依然尴尬。希望通过本案例的分析讨论，审计人员可以举一反三，得到一些有益的启发。

银行重要客户资料
丢失谁之过

真知灼见，首先来自多思善疑。

——洛克威尔

2.1
案例背景

　　B 银行在开展贷款真实性审计的时候，发现一家支行的授信金额 500 万元的信贷客户 F 的贷款利息是由客户 C 来偿还的。审计人员查询客户经理的贷后检查记录，未记载贷款资金的流向和偿还利息来源。审计人员初步判断信贷客户 F 的贷款资金是客户 C 在使用。审计人员进一步查明，客户 C 是银行另一个集团客户 A 机电机械股份有限公司的法人代表，A 机电机械股份有限公司在该银行开立基本账户，银行给予其授信 2.5 亿元，各种存款 1.8 亿元，是银行的一个重要客户。按照审计的流程，审计组派审计员 G 去核实信贷客户 F 的贷款资金是否是本人使用，以及为什么利息是集团客户 A 机电机械股份有限公司的法人代表客户 C 来偿还，是否是客户 C 在使用贷款，是否是集团客户没有进行统一授信管理。审计人员 G 向支行信贷人员进行了解，未发现有进一步的情况，就电话联系了信贷客户 F。信贷客户 F 说信贷资金的用途是买房，由于自己资金紧张就由自己的朋友 C 来还利息。审计人员为了确认信贷客户 F 的说法，就与客户 C 联系，但是其手机打不通。审计人员看到集团客户 A 机电机械股份有限公司信贷资料里有其法人代表客户 C 的配偶 D 的联系电话，审计人员就与客户 C 的配偶 D 联系询问客户 C 的去向，询问如何联系上客户 C。D 回复说客户 C 这两天在国外出差，可能很难联系，一星期后回来，到时候会主动联系银行。D 随口问审计人员 G 有什么事联系客户 C，审计人员 G 就说了这笔 500 万元贷款利息的偿还情况，并表示银行想确认一下。客户 C 的配偶 D 愣了一下，说知道了，回头让客户 C 联系审计人员，就挂断了电话。

　　审计人员 G 也没有当回事，一星期以后，支行打电话给审计组说 A 机电机械股份有限公司在银行销户了，偿还了 2.5 亿元贷款，将 1.8 亿元存款转到其他银行，终止了和该银行的所有业务，这件事预计每年会给银行造成较大的利润损失。支行了解到，A 公司销户理由是银行泄露客户信息和隐私。原来，客户 C 的配偶 D 在审计人员 G 联系过她之后，就去公司了解客户 C 的账户资金变动情况，发现客户 C 帮助其前女友 E 贷款 500 万元，买了一套别墅，每月利息由客户 C 来偿还。其配偶 D 目前在和客户 C 闹离婚。为方便理解本案例的逻辑结构，绘制图 2-1。

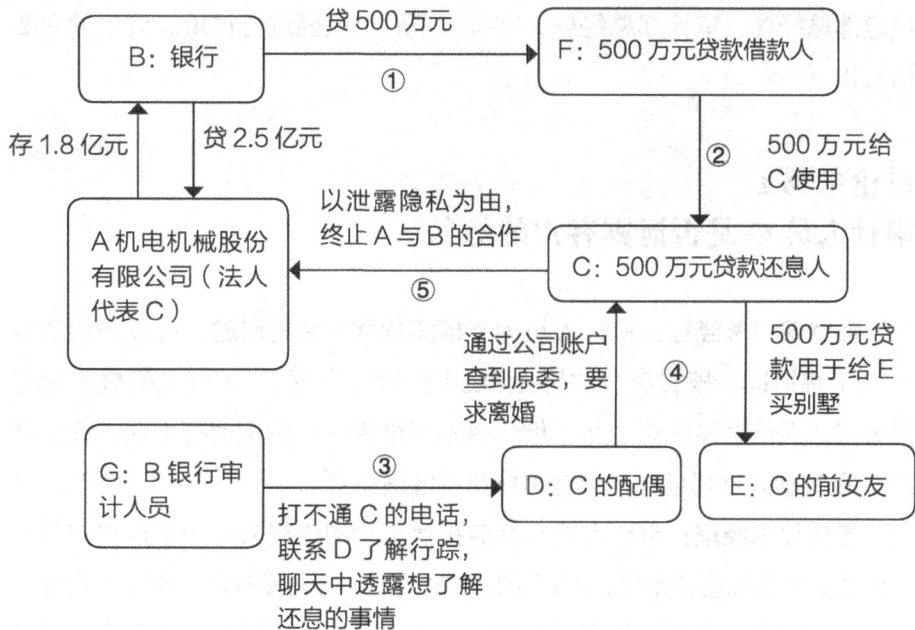

图 2-1　本案例的逻辑结构

2.2 / 讨论情景及专家点评

　　银行高层了解到这一情况后，及时召开了银行内部讨论会，专门讨论银行重要客户丢失的问题，会议邀请了信贷部门总经理、授信部总经理、风险部总经理、审计部总经理，围绕以下五个主题进行讨论。讨论的主要情景如下。

讨论主题 1
审计人员 G 是否泄露客户的隐私？

　　信贷部门总经理：审计人员为了核实贷款资金的用途，可以向信贷客户 F 了解情况，核实资金的用途和还款来源，不能向 A 机电机械股份有限公司法人代表客户 C 进行了解，更不能给客户 C 的配偶打电话，说出客户 C 在替别人还利息，这样有可能泄露客户信息。

　　授信部总经理：审计人员有义务按照审计的流程来进一步核实信贷客户的资金用途和还款来源，所以审计人员的工作方式没有错。审计人员并没有直接泄露信贷客户 F 与客户 C 之间的关系和客户 C 帮谁来还利息，只是询问客户 C 的去向，以及有一笔贷款的付息情况，工作符合制度规定。

　　风险部总经理：我以为应该先向业务主管部门进行汇报，先根据目前情况和要核查的内容，进行充分研究，将需要调查的范围和取证的对象进行风险等级分类，共同商讨出信贷客户资金核查的清单和标准话术，以避免出现泄露客户信息，引起客户销户的问题。在上述案例中审计人员没有充分保护客户信息，说话随意，让客户 C 的配偶通过审计人员的问话发现客户 C 的问题，是一种不审慎的做法。

审计部总经理： 我认为审计人员在进行审计时，是按审计的流程进行工作，也是为了银行的资产安全着想。审计人员询问信贷客户 F，了解其资金动向，在无法了解清楚的时候，就去询问为信贷客户 F 还利息的 A 机电机械股份有限公司法人代表客户 C，这都是审计检查的必经程序。不过审计人员在没有直接询问到客户 C 的情况下，就向客户 C 的配偶了解客户 C 的行程，这样做不够审慎，但是也没有制度说不能询问客户 C 的配偶。因没有了解到客户 C 还有为他人购置房产和支付利息的情况，所以不能说审计人员泄露客户信息。只是客户 C 的配偶太过敏感，通过公司账户查到客户 C 的资金流向，导致客户 C 事情败露，迁怒于银行。

专家点评

对于重要客户丢失，有的人认为内部审计人员负有责任，有的人认为内部审计人员不需要对此负责。总而言之，内部审计工作涉及很多事物，需要内部审计人员有认真负责的态度。对于内部审计工作，审计人员要坚持实事求是的工作精神，要有协调沟通的机制，既要不放过工作中任何一个疑点，认真核查，采取所有可能的措施，维护被审计单位的利益，保证内部审计工作质量，还要切实考虑客户的实际感受，工作更加细致周到，审慎地开展工作。

讨论主题 2
银行客户丢失是谁的责任？

信贷部总经理： 银行重要客户丢失是银行审计事项引起的。审计人员在审计贷款真实性的过程中，通过询问和打电话给银行的重要客户及其配偶，将客户的重要信息透露给客户的配偶，造成银行重要客户销户，所以银行客户丢失的责任在于银行的审计人员，银行的审计人员要负责。

授信部总经理：银行重要客户丢失是一个事实，而且这个客户是银行花了很大力气维护的，客户丢失确实是银行的一个损失。但是这不仅仅是银行审计人员审计取证时，泄露客户信息单方面造成的，支行对信贷客户调查不够仔细，没有认真了解客户贷款的资金用途和还款来源，造成审计人员对资金用途的怀疑，也是银行重要客户丢失的原因之一。

风险部总经理：我认为不仅是审计人员有责任，银行的任何一个人员都有责任维护银行的利益，对信贷客户的背景和资金用途进行调查，避免银行资产损失。银行客户违反银行制度，没有做到专款专用，没有做到本人偿还本息。客户不诚信在前，银行审计人员例行询问，本身没有过错，银行出现损失的原因是银行客户由于其配偶知道其有帮助前女友的事情而迁怒于银行。银行审计与银行重要客户流失没有必然的联系，审计人员并不需要对此事负主要责任。

审计部总经理：由于审计人员在审计过程中，向客户 C 配偶了解其行踪，透露其有贷款偿还利息的事实，造成其配偶怀疑，并了解其帮前女友买房和还息的情况。于是客户 C 迁怒于银行，将其账户销户，将资金转移到其他行。审计人员在工作中存在考虑不周的情况，对于银行重要客户流失负有相关责任，但这是一种工作不够谨慎的过失行为，其业务部门在贷款管理方面也存在未把好准入关的问题。

专家点评

对于这个问题的观点也不统一。银行重要客户丢失这个事实是客观存在的，但是其中原因是多方面的：一是客户本身存在违规事项；二是银行的客户经理对于贷款客户调查不深入、不细致，造成信贷资金出现风险隐患苗头，客户经理未能采取有效措施；三是审计人员核查时考虑不够周到。因此，要求各方人员要共同努力，认真工作，检讨工作中存在的问题，加以改正。

讨论主题 3
对于重要客户，审计人员是否需要将审计核查事项报送领导审核？并与业务部门协商共同处理？

信贷部总经理：银行审计人员在核实重要客户资料时，需要向主管领导报告需要核查的客户名称、需要核实的事项、需要用到的话术、采取的核实方法，并做好问询的预案，预测可能出现的问题，针对问题准备好采取的措施。经领导同意后，审计人员再按照审核批准的内容进行核实，按照问询的话术进行问话，了解情况，做好记录。审计人员需要与业务部门配合，共同对客户信息进行分析，了解客户情况，共同应对审计事项，减少可能产生的负面影响。

授信部总经理：我也认为需要将审计核查事项报送领导审核，特别是当核查对象为银行重要客户时，更需要向主管领导报告，经过领导同意，并且研究出周全的方案才能进行审计核查，向信贷客户进行询问。审计人员还需要与业务部门进行协商，倾听业务部门的意见，明确需要查询的范围，以及需要查证的对象，对于重要客户，需要向客户本人进行查证，而不是向其配偶等其他人查证。

风险部总经理：站在风险控制的角度，根据政府监管部门的全面风险管理的指引要求，审计人员需要识别风险、控制风险、消除风险。所以，审计人员应该将审计需要核查的内容和方式，以及可能出现的异常状况、采取的应急措施和预案，按照风险管理的流程和程序，向风险主管部门以及风险主管领导报请审批。风险主管部门根据其工作职责，审核可能出现的风险和问题，提前给出处置方案，避免出现不利于银行的局面，规避银行的损失。同时，审计部门需要协同业务部门、风险主管部门共同评估审计核查的内容和形式。

审计部总经理：根据国际内部审计协会的规定和商业银行内部审计工作指引，审计工作具有独立性。这个独立性不仅是组织的独立性、人员的独立性，还是工作的独立性、经济的独立性等。所以，内部审计工作需要遵循审计工作的独立性要求，按照自己的工作流程进行工作，不需要向业务及风险管理部门的领导汇报，否则就会丧失审计的独立性，不利于内部审计查清被审计单位的实际情况。

<hr>

专家点评

这个讨论与内部审计独立性有关，讨论说明内部审计人员需要独立地开展工作，以保证审计工作质量，维护审计工作的权威性。审计的不可预见性也是内部审计工作有效性的表现。向主管领导申请，进行风险认定，虽然可以减小由于内部审计工作出现问题的可能性，但是降低了内部审计的独立性和审计工作的有效性，降低了审计工作质量。好的做法是在事前通过制度进行规范，和各部门协调审计核查的工作流程、风险预案、话术等，经过主管部门审核通过，形成规范、科学的内部审计工作流程和运行机制，而不是每一个客户的核查都需要与业务部门协商和主管领导批准。

<hr>

讨论主题 4
银行客户信息是否需要保密，如何保护客户隐私？

信贷部总经理：根据消费者保护权益的要求，相关单位和个人需要保护客户信息，不得泄露客户的信息给第三方。所以，对于客户的电话、贷款信息、流水信息、配偶信息、担保信息、身份信息，银行都需要给予保护。对于银行审计人员能否查询银行客户信息，并且利用这些客户信息进行审计工作，保护银行资产安全，相关部门没有做出明确的规定。但是，保护客户隐私是必须的，在此基础上，审计人员可以合规开展审计工作。

授信部总经理：银行要建立客户信息保护制度，规定银行客户信息保护的方法和流程。内部审计部门也要让每一个员工熟悉客户信息保护的流程和程序，根据审计工作需要，建立内部审计与客户之间信息查询和信息保护的制度和规范，合理使用客户的信息，不能在审计工作中给银行造成负面影响。

风险部总经理： 由于审计工作需要，提倡对审计人员开放银行掌握的除了密码、支付控制密钥以外所有的客户信息。银行内部审计人员需要根据审计任务和审计范围，有秩序地获得和使用这些客户资料，不能随意泄露给其他人。银行有责任和义务要求银行员工学习客户隐私保护政策，了解银行客户信息使用规范，合理、合规使用银行客户信息，为银行业务发展和资产安全服务。保护客户信息安全是银行的首要责任，规范合规使用信息是确保银行信息安全的重要环节。

审计部总经理： 银行的审计人员需要遵守银行的消费者权益保护制度，在工作中贯彻保护银行客户信息的要求，学习银行保密条例，在工作中坚持银行内部审计的工作制度和流程，严格按照银行的制度开展工作。审计部门不仅要在工作中坚持独立性，利用银行给予审计人员的资源，合规合法地开展审计工作，更要教育内部审计人员提高对银行客户信息的保护意识，认真履行职责。审计人员对于工作中涉及的客户隐私，不得透露给第三方，工作结束及时清除审计工作中留存的客户信息及相关资料，对于需要作为审计工作档案的资料，要进行脱密处理，进一步明确保存期限和查询级别。银行的客户信息及相关资料不能直接出现在审计报告、各种培训材料、内部的报告中，需要经过特殊处理。

专家点评

由讨论可以知道，大家都同意需要保护银行客户的信息。银行所有员工都负有对银行客户信息保密的责任，内部审计人员应该遵守《第 1201号——内部审计人员职业道德规范》第十八条规定："内部审计人员应当对实施内部审计业务所获取的信息保密，非因有效授权、法律规定或其他合法事由不得披露。"合理规范使用审计中获得的客户信息，在内部审计中不得将信息在没有客户授权的情况下透露给其他人，即使是客户的配偶也不行。客户信息资源也是要保护的资产，内部审计人员对此要有充分的认识，并提高自身的风险意识，认真履行职责。

讨论主题 5
内部审计人员如何做才能更好地避免出现客户丢失的问题？

　　信贷部总经理：内部审计人员需要将工作做得更细一些，认真按照银行的制度执行，对于客户的信息进行分析。内部审计人员还应向被审计单位了解客户的家庭情况；了解内部审计涉及的客户贷款签字情况；了解重要客户的家庭成员；侧面了解客户资金的来源等。审计人员应该尽量不直接接触客户，可以通过账户流水、客户本人提供的相应证明材料来获取信息。审计人员更要避免直接接触客户的配偶等其他人员，将审计工作限制在最小的范围内，避免出现银行的重大损失。

　　授信部总经理：内部审计人员在工作中必然需要接触客户的信息，与客户产生必要的联系，对此要控制风险，提前做好功课。内部审计人员需要向被审计单位了解相关客户的信息，被审计单位也必须更加详细地了解自己的客户，让客户能够配合银行的工作，指定与客户联系的银行工作人员，进一步了解银行客户的生产、经营情况，增加信息的透明度。内部审计人员也要做好自身的工作，将审计工作进一步优化，更好地完成审计工作。

　　风险部总经理：银行在重要客户销户事情出现后，要积极和客户取得联系，做好解释工作。银行需要向重要客户说明银行审计工作的必要性，银行审计工作是保护银行客户的有效手段；银行内部审计人员进行审计，核查信贷资产真实性，是履行社会责任，保障储户资金安全的关键步骤。银行还应表明与其配偶联系了解其行程是银行内部审计的一项基本工作，并就此次事件表示歉意，争取获得重要客户的谅解，减少对银行的影响。

　　审计部总经理：审计部门要根据《第 1201 号——内部审计人员职业道德规范》要求，监督内部审计人员做好因内部审计业务所获取的信息的保密工作，进一步分析内部审计工作流程，将内部审计工作与客户沟通的要求进一步细化，总结出不同场景下的做法。审计部门还应与业务部门及风险部门进行充分沟通，设计出合理合规、有效的内部审计核查流程和程序，降低内部审计工作风险，进一步提高审计工作效率。

专家点评

　　审计人员在审计中将细节数据无意识地透露给第三方，虽然没有直接泄露信息，但是，第三方经过分析推断和查证单位资金的往来，还是发现重要客户的隐私，这给重要客户带来困扰。内部审计部门首先需要研究如何规避类似事情的发生，具体措施有：建立规范化的审计流程、设定标准话术、不让审计人员直接接触客户以外的第三人等。审计是使企业远离麻烦而不是使企业陷入麻烦。审计人员应通过学习培训，养成良好的职业素质，说话得当，应对有力；对于不同的场景，提前做好预案，防控风险。

2.3 延伸思考

　　关于内部审计人员与被审计单位客户沟通和使用客户信息，需要讨论的问题还有不少。比如，这件事是否可以征求客户意见，给客户提前说明银行内部审计需要在审计工作中联系银行客户？银行内部审计部门是否需要根据客户的重要程度，进行分级管理，根据不同级别的客户采取不同的工作方式？重要客户是否可以由专人维护，由他们了解更多重要客户的信息，给客户做好深入细致的工作？内部审计人员是否能够创新工作方法，将内部审计的核查由线下移到线上，直接和需要核查的客户进行联系，突破时间和空间的限制，运用区块链技术、云技术、移动互联技术，减少客户信息使用过程中的失误？内部审计人员是否可以提高自身的业务素质，增强有效应对不同被访谈客户的能力？是否可以通过标准化的流程来规范内部审计工作？等等。这些问题，您是如何思考的呢？

　　类似内部审计沟通和核查被审计单位客户的案例还有很多。通过这个案例，我们可以看到，目前内部审计在履职和银行业务发展中存在一些矛盾，银行与客户之间存在信息不透明的情况，银行客户过度维护自身的利益，用自己的错误来惩罚银行的情况时有发生。这些问题导致内部审计的处境尴尬。希望通过本案例的分析讨论，审计人员可以从中得到一些有益的启发。

案例 3

流程与结果哪个更重要

昨天不了解内审，今天干着内审，明天将会离不开内审。

——许兰娅

3.1 案例背景

内部审计根据政府监管部门的要求，组织开展科技产品安全性审计，审计人员发现被审计单位对于重要科技系统的配套设备——为科技设备供电的不间断电源（UPS），每三年将全部进行更换，重新采购新的不间断电源，并将更换下来的不间断电源卖给原供应厂家。审计人员查看购销合同和招标文件，发现被审计单位严格按照招投标流程要求进行，招投标小组成员涵盖了办公室、纪检监察、计划财务、科技管理、风险管理、法律合规等部门的成员，邀请了红星、华大、金钟、齐瑞、三川五家国内不间断电源的生产厂家进行投标。根据制度文件规定以最低价中标的要求，被审计单位选择了红星作为不间断电源的供应商，并且签订了合同协议，规定了不间断电源三年使用期满，由原供应厂商进行回购，回购价格为原购入价格的 5%。另外，审计人员查看了被审计单位的不间断电源管理制度，制度上明确规定每三年更换一次不间断电源，更换时将不间断电源电池组全部更换。

审计人员在调阅被审计单位采购清单和更换不间断电源电池组申请报告时，发现被审计单位共有 20 家分支机构，全部电池组有 100 组，每一组有电池 10 个，总共有 1 000 个电池，每一个电池 1 500 元，由于 20 家机构成立时间不同，大概每年更新 30 组或 40 组电池，三年全部更换完毕。审计在抽查报废不间断电源电池组编号和验收新的不间断电源电池组编号时，发现有部分新采购的不间断电源电池组编号是以前年度被审计单位报废更换掉的不间断电池组编号，生产厂商供应的货物为更换下来的旧设备。另外，审计人员邀请了电子研究所的专家，专门咨询不间断电源是否一定需要三年一换，得到的答案是目前不间断电源的使用频率低，市电电压稳定，电源供应正常，启动不间断电源的次数较少，甚至三年都不会出现一次，我国的电子元器件质量合格，因此，不需要三年一换。审计人员据此指出了不间断电源管理制度不科学，采购把关不严，给被审计单位造成浪费和资产流失等问题。被审计单位不认同审计人员的意见，认为采购和更新不间断电源是根据现有制度执行，按照操作流程进行招标采购和设备更新，被审计单位不存在问题。到底是流程重要还是结果重要这一问题引发了大家的讨论。

3.2 讨论情景及专家点评

内部审计与被审计单位对于审计结果的认知不同，一时难以取得一致意见，于是请内部审计协会出面组织一次专家研讨会，针对出现的问题进行进一步的讨论。会议邀请政府招标办工作人员 A、国家审计资深审计师 B、同行业内部审计师 C 以及科技公司技术员 D，围绕以下五个主题进行讨论。讨论的主要情景如下。

讨论主题 1
被审计单位按照制度文件招标采购是否不存在问题？最低价中标是否科学？

政府招标办工作人员 A：根据上述案例的情况看，审计人员在审计中没有发现被审计单位违反被审计单位制定的招投标采购制度和流程，我认为被审计单位招投标采购工作如果按照流程走，不存在违反规定的行为，因此本次招投标工作不存在问题。招投标工作必须按照被审计单位的制度和流程来进行，被审计单位的招投标工作人员不能随意改变规则，只能按照规则执行。如果发现制定的规则不符合要求，也只是建议修改。最低价中标也是行业普遍存在的现象，没有明文规定最低价中标不合法。

国家审计资深审计师 B：审计人员进行审计，不仅需要对被审计单位是否按照内部控制制度和规则开展业务进行审计，还要对制度和规则制定的科学性和有效性进行审计。对于被审计单位说本次招投标采购是按照制度和流程来开展工作的，我们只能说，被审计单位的招投标工作人员执行了招投标采购的制度和流程，不存在逆流程和违规操作的事项，这是被审计单位招投标采购的基本要求。所以，被审计单位在这个层面不存在问题。但是，我们还要看招投标工作的实际成效，如果招投标工作存在质量和损失浪费也是不合理的，也是审计人员需要监督的。最低价中标不应该作为唯一标准，审计人员应该判断最低价中标是否存在质量和安全问题，是否存在附加流程。对于最低价中标是否科学这一问题，审计人员需要实施进一步审计程序，予以确认。

同行业内部审计师 C： 开展审计时首先要进行制度审计，从制度层面看招投标采购工作是否存在缺陷，我们可以和《中华人民共和国招标投标法》进行对照，也可以参考行业招投标采购的流程判断流程是否合规、邀请和参与招投标的单位是否符合资质要求、产品是否合格等。把最低价中标作为唯一评价标准是制度设计缺陷。由于是制度设计缺陷，因此被审计单位按照制度执行本身就存在不合规、不科学的问题。所以，审计人员提出的招投标采购存在制度设计缺陷是正确的，采购和最低价中标都存在问题。

科技公司技术员 D： 根据上述案例，我觉得审计人员应该通过访谈了解被审计单位其他部门和员工对采购招投标工作的看法，了解招投标工作的实际效果。审计人员不仅要看招投标采购小组的书面资料，还要去实地了解具体实施的过程，看招投标工作是否按照流程和制度进行。被审计单位选择供应商前，要到不间断电源生产机构去了解设备的性能和查询同性能设备的价格以及设备是否符合行业技术标准。如果性能和价格都符合需要，以最低价中标倒是一个不错的选择。

专家点评

对于这个问题，大部分人认为不能简单地说遵守制度和流程就不会存在问题，或者以最低价中标就存在问题，而是要具体问题具体分析。首先必须遵守制度和流程，审计人员首先也要按照制度、流程开展审计工作，就是审计要有合规性。其次还要看制度是否存在缺陷和不足，比如三年必须更换设备和最低价中标这些绝对化的标准，没有其他同行业或者效益类标准作为评价的标准是否存在缺陷和不足。审计人员要认真记录和比较这些评价标准和制度，对于需要修订的制度和标准及时修订完善。

讨论主题 2
审计人员如何开展招投标的审计？审计的目标是什么？

政府招标办工作人员 A：我觉得审计人员是根据审计项目开展招投标的审计的。首先相关部门根据项目发出审计通知。其次，审计人员根据招投标采购的制度流程和审计目标制定审计方案，明确审计工作要点，主审根据审计人员和审计时间安排每一个审计人员的审计工作。最后，审计人员根据审计工作计划和需要查证的要点组织现场审计工作，审计人员查好审计要点，审计流程走到位，就可以了。审计目标是审计工作要达到的质量要求，就是看招投标采购业务是否按照制度流程来开展招投标工作，看是否存在舞弊现象。

国家审计资深审计师 B：审计人员按照审计计划和审计方案开展审计工作。审计的目标就是审查招投标业务是否违反国家法律法规，是否遵守制度流程、是否存在舞弊、是否给国家资产造成损失、是否存在损失浪费。因此，开展国家审计项目首先要进行调研，在此基础上，根据审计目标，组成审计组，根据制度和流程以及可能存在的风险，做好审计方案，审计人员根据审计方案进行审计工作。

同行业内部审计师 C：招投标审计是对招投标采购的所有工作开展的审计，能够帮助执行好内部控制制度，规范招投标采购工作，从而保证业务运行良好。审计部门根据招投标工作的法律法规要求，充分考虑高管层关心的招投标风险问题及合规问题，结合审计中长期计划，拟定审计年度计划和审计具体实施方案。审计人员根据实施方案进行审计，但是审计人员在完成审计方案内容的基础上，可以进行延伸和扩展。审计人员不仅要审计招投标流程的合规性，还要延伸审计招投标管理中存在的制度问题及管理中出现的损失浪费问题。

科技公司技术员 D：我觉得审计是一项技术性工作，在审计工作的开展中，要有明确的审计方案和审计要点，同时要有审计目标。审计人员要想做好审计工作还要有规范的流程，特别是要有评价的标准。审计人员根据评价标准来判断被审计单位管理和经营工作是否存在问题。审计标准的确定是开展审计工作的关键，招投标审计不仅包含流程审计，还包含效益审计。

专家点评

这个问题大家意见比较统一，审计人员开展招投标审计就是根据《中华人民共和国招标投标法》及其他相关制度规定，制定审计方案和审计流程，不仅要审计采购流程也要审计采购制度，更需要审计采购效益。审计部门制定审计方案，将审计目标分解到每一个审计人员，同时也要充分考虑高管层关心的招投标风险问题及合规问题，结合审计中长期计划，拟定审计年度计划和审计具体实施方案。审计人员根据具体实施方案进行审计，根据审计方案要点开展审计。审计的目标就是审查招投标业务是否违反国家法律法规、是否遵守制度流程、是否存在舞弊、是否给国家资产造成损失、是否存在损失浪费。

讨论主题 3
审计定性问题的判断标准如何把控？

政府招标办工作人员 A：对于审计发现问题的定性和损失的判断标准，审计人员需要根据被审计单位的制度、流程和考核标准来确定。招投标审计是否存在问题是依据是否遵守制度判定的，比如被审计单位招投标工作人员是否遵守了制度流程，如果工作人员遵守了就不存在问题。至于本案例中存在的最低价中标和制度规定必须三年更换一次设备以及中标单位低价回收投标设备的情况是否存在问题，由于被审计单位没有评价的标准，只是当初这么规定，审计人员就不能认定这些做法是违规的。

国家审计资深审计师 B： 审计问题的判断标准，按照国家审计的要求，就是国家的法律制度、政策方针、规章制度，以及行业标准和行业的监管要求及制度。国家审计体现了强制性，是代表国家政治权利来开展审计工作，其判断标准以法律法规和制度为基础。内部审计的标准除了要执行国家的法律法规和政策制度外，还要参考被审计单位内部制定的制度文件和约束要求，以不损害被审计单位利益、增加被审计单位价值为标准。

同行业内部审计师 C： 根据审计准则，审计的标准主要来源于以下几个方面：一是有关的法律法规、方针政策、规章制度等的规定，这个是首要的评价标准。二是国家部门、行业组织公布的行业标准，行业标准主要包括两类，一类是具有强制性的行业标准，比如电力、公路、金融等行业的质量标准或者环保标准；另一类是指导性标准，比如国家、政府部门以及行业协会公布的参考标准，如银行自律委员会公布的贷款基础利率。三是组织制定的目标、计划、预算、定额等，这类标准是被审计单位根据自身情况制定的标准。四是同类指标的国内历史数据和国际数据。五是同行业的实践标准、经验和做法。

科技公司技术员 D： 标准问题是任何一项工作评价的基础，审计工作也不例外。审计对问题的定性和判断标准来源于国家政策、法律、法规和部门规章，同时也可以参考行业标准以及单位内部的制度和要求，内部的规定和标准更为实用。

专家点评

关于审计定性问题的判断标准大家讨论比较激烈，具体来说就是根据审计准则的要求来选择审计标准，其来源有国家的法律法规和规章制度、行业的标准和约定规范、同业的参考以及本单位的制度规定和董监事会期望目标等。最根本的是本单位的制度规定和领导层的期望，最具权威的是国家法律制度和政策方针等规定。虽然，我们的标准来源广泛，但是也需要有针对性，特别是要将合规性和效益性结合起来。

讨论主题 4
审计人员发现问题如何和被审计单位沟通？特别是发生分歧后审计人员采取什么样的措施更为有效？

政府招标办工作人员 A：审计沟通是审计人员的一项基本功，在审计的整个过程中，不管什么阶段都需要沟通。审计人员发现问题时，需要和被审计单位进行沟通，目的是确认审计发现的事实，商讨对于审计问题的整改措施和方案，形成事实确认书和审计报告。审计沟通前，审计人员需要做好审计发现的问题记录，针对发现的问题进行取证，固定证据。同时，审计人员针对可能出现的不同情况，提前进行设问，方便进一步排除。在做好基础工作的同时，审计人员联系被审计单位，提出沟通的时间和地点，沟通时间尽量短，地点尽量安排在独立的空间。与被审计单位对审计问题进行沟通时，审计人员需要做好沟通记录。审计人员如果与被审计单位产生分歧，需要做好进一步沟通的准备，如果几次沟通均达不成一致意见，可以寻求与上级部门或公司治理层进行沟通。

国家审计资深审计师 B：审计沟通贯穿审计的全过程，不仅对审计结果进行沟通，更多的是在审计过程中进行沟通。审计人员在审计前需要做好调查工作，摸清被审计单位的基本情况；审计中需要就调阅资料、确定事实进行沟通；最后进行审计结果沟通，将审计事项、审计问题定性，就未来的审计整改措施与被审计单位进行沟通。当审计人员与被审计单位就审计问题产生分歧，审计人员需要利用事实说话，找到同业案例，进行协商处理，切忌激化矛盾，协商不成需要提请上级机构裁决。

同行业内部审计师 C：审计人员与被审计单位沟通是非常重要的，沟通要遵守内部审计的准则，要体现公开、公正、公平的原则，所有的重要事项都需要和被审计单位进行沟通，达成一致意见。审计人员要做好沟通记录，将沟通情况记录在审计工作底稿中，不仅要记录沟通的时间、沟通的内容、沟通的对象、沟通的方式以及沟通的成效，还要做好沟通的证据记录和确认工作。如果被审计单位与审计人员在关键审计事项上产生分歧，达不成一致意见，审计人员需要寻求解决分歧的办法，反复多次与被审计单位沟通，如果还是沟通不下来，就需要提请与被审计单位治理层进行沟通，或者请第三方机构来进行协调，还有就是请审计机构的负责人出面与被审计单位领导层进行沟通，确认问题的性质和结果。

科技公司技术员 D：我认为存在分歧是正常的情况。审计人员和被审计单位首先要确认审计发现的问题是否是客观存在，如果是客观存在就需要先确认事实，在确认事实的基础上，再分析问题产生的根源，判断是否是故意的行为产生的问题，分清人员的责任，根据具体情况来确定是一般违规还是严重违规，或是违法等。在确认责任后，审计人员与被审计单位再确认整改和处罚措施。一步一步进行分解、确认的方式，有利于审计发现问题的沟通和确认，避免出现矛盾激化。当然，将沟通分歧报告给主管领导，争取主管领导的支持，听取领导的建议和意见也是处理分歧的一个好办法。或者审计人员直接请领导出面和被审计单位沟通，可以提高沟通效率，有利于分歧解决。

专家点评

审计的沟通非常重要，讨论中大家都对此持一致意见，特别是出现分歧时大家都建议审计人员要与被审计单位反复进行沟通，并且留存沟通相关资料，必要时审计人员与被审计单位领导进行沟通，或者请第三方机构进行协调。审计沟通贯穿于审计的始终，不仅有审计开始前的被审计单位的情况沟通，还有审计流程、审计结果沟通，沟通也需要遵守相关的制度流程。

讨论主题 5
审计人员如何揭示审计中发现的三年必须更换一次设备以及更换下来的旧设备被重复卖给被审计单位两个问题，才能获得最大成效？

政府招标办工作人员 A：审计人员发现的三年必须更新一次设备以及更换下来的旧设备被重复卖给被审计单位的情况存在严重的问题。首先更换频率要看设备的寿命，如果设备的设计寿命超过三年，同行业使用同类型的设备超过三年，都说明三年必须更换一次设备是一种浪费行为，会导致资产的流失。另外，审计人员发现有些换下来的旧设备被设备投标方翻新，重新卖给被审计单位，这说明设备三年一换不合理，设备还可以继续使用。另外，被审计单位在验收上没有把好关，中标单位的低价回购就是一个陷阱。此问题需要向被审计单位管理层报告，提请被审计单位纪检监察部门介入调查，看是否有渎职行为。

国家审计资深审计师 B：审计人员发现的问题不仅是损失浪费的问题，其中还有可能存在舞弊问题，造成被审计单位资产损失。对于发现的问题，审计人员需要向被审计单位的高层领导进行通报，让被审计单位高层领导了解招投标采购工作开展的情况和存在的问题，让这些情况和问题引起高层领导的重视，使其督促被审计单位研究解决措施。在与高层领导沟通后，审计人员准确计算多年来招投标采购造成的资金损失，深入了解被审计单位员工与招投标采购单位之间是否存在利益关系。

同行业内部审计师 C：审计人员要结合同行业的情况进行比较分析，比如同行业对于不间断电源的使用是否三年必须更换，更换的理由是什么。审计人员还要了解不间断电源的使用寿命，能够使用的时间。审计人员需要特别留意不间断电源的回购问题。中标厂家低价回购不间断电源，又将回购的不间断电源卖给被审计单位，被审计单位继续使用，既说明被审计单位使用的不间断电源使用寿命不止三年，又说明使用回购替换下来的不间断电源可能存在安全隐患，还说明被审计单位的资金损失，甚至存在舞弊的情况，需要报给被审计单位监管部门和高级管理人员，揭示存在的舞弊隐患和资产损失情况，引起领导重视。

科技公司技术员 D： 对于上述问题首先是技术标准，招投标采购的产品来自不同生产厂家，具有不同的技术标准。被审计单位统一规定三年必须更换，本身就不合理。被审计单位对于更换下来的设备必须进行评估，评估不间断电源的技术性能，判断其是否有必要更换。还有就是被审计单位使用更换下来的不间断电源，说明被审计单位可能存在舞弊情况，审计人员应向被审计单位高管层进行汇报，并且可以移交纪检监察部门进行调查。

专家点评

对于舞弊问题最好的办法就是在确认舞弊事实后，提请被审计单位高管层了解舞弊事件，或移交纪检监察部门做进一步调查。审计舞弊的确定需要审计人员查清舞弊的动机、是故意还是过失、造成的损失、产生的影响等。审计人员必须高度重视舞弊问题，及时向高管层汇报，引起高管层的高度关注，并跟踪后续的处理结果。

3.3
延伸思考

　　审计人员与被审计单位对审计结果产生分歧，审计人员认为存在问题而被审计单位认为执行了必要的流程就不存在问题，这样的情况还有很多。这种事情往往会造成严重后果，比如，银行柜面服务遵守银行关于客户开销户必须到柜面办理的规定，可能会出现病人举着吊瓶到银行办理手续的情况；目前电信诈骗高发，虽然电信部门根据制度流程向移动客户发短信提醒，防止电话诈骗，但更应该站在客户的角度，监控或者关闭实施电话诈骗的电话或者短信，从源头消除。审计人员发现被审计单位的采购往往重在形式而不是实质，参与采购的小组成员，都是各部门参加工作不久的年轻人，对业务不了解，资深员工为规避风险，不参与这些重要活动。最低价中标存在低质量的问题，责任在于谁？对于内部审计过程中发现的过失，如何进行整改，才能消除过失，保护资产的安全？如何能够发现舞弊？有哪些发现舞弊的方法？等等。对于这些问题，您是如何思考的呢？

　　当然，类似问题的案例还有很多。通过这个案例，我们可以看到，预估流程和结果之间还有很大差距，只是表面遵守制度和流程，其实是不负责任的，其中蕴含着很大的风险和漏洞。所以，审计人员需要有认真负责的态度，还要有责任心和探索精神，找到制度流程设计中的缺陷，综合评判被审计单位的工作，利用多维度的评价标准来评价被审计单位的审计事项，推进审计工作的有效开展。

丢失的审计证据

内部审计工作务必"技""艺"并重。

——郭长水

4.1 / 案例背景

　　为了加强企业的内部控制，审计组组织开展企业金融资产真实性审计项目。审计人员根据审计方案，抽查了被审计单位对外投资的金融资产，采取飞行检查的方式，检查了金融市场营销人员，发现金融市场营销人员保管客户的印章、已盖章的空白重要合同、客户的支付密码卡片、支付 U 盾等。然而，被审计单位员工禁止性条款规定"员工执业过程中要保持与客户的风险隔离，不得保管客户的印章、重要空白凭证、已盖章未使用的合同以及客户用于支付的支票、密码、支付 U 盾等支付工具，不得与客户有非正常资金往来等"。被审计单位金融市场业务工作流程也规定："金融市场业务办理必须由客户本人及其客户所在单位委托的代理人办理业务，本单位员工不得为客户代理办理任何业务，也不得保管客户的任何结算工具、空白合同等。"

　　审计人员认为该被审计单位工作人员存在严重的违规问题，于是利用手机拍照取证，将飞行检查发现的客户印章、已盖章的空白重要合同、客户的支付密码卡片和支付 U 盾等放在一起拍了一张照片，并且现场做了违规事实确认书，将审计项目名称、审计发现的事实、根据的依据进行详细的记录，并且发给被审计单位金融市场营销人员的所在部门领导，即金融市场部总经理，请其给予确认。当时，金融市场部总经理正要出差开会，让审计人员等他回来后再确认审计人员就去做其他审计工作了。等到金融市场部总经理开会回来，审计人员找金融市场部总经理签字时，金融市场部总经理让审计人员出示证据，说他要看一下。这时候审计人员在手机里找不到拍好的违规证据照片，金融市场部总经理把违规的金融市场部员工找来询问具体情况。当这名违规人员知道审计人员照片找不到时，他就否认违规保管客户印章、合同等事实。金融市场部总经理问审计人员："你们审计组还有谁当时在现场，可以让他来做一个证明。"审计人员说："没有，我一个人检查的。"审计人员再去查金融市场部违规人员的保管物品时，已经找不到相关的保管物品和资料。一时间审计人员陷入尴尬，重要证据丢失，违规事实无法得到进一步确认。

4.2 / 讨论情景及专家点评

当地的内部审计协会了解情况后，本着服务内部审计单位、帮助解决内部审计机构遇到的问题的宗旨出面组织了专家研讨会，针对出现的问题进行进一步的讨论。会议邀请了不同机构的内部审计人员（内部审计人员A、内部审计人员B、内部审计人员C）以及高校审计专家D，与会人员围绕以下五个主题进行讨论。讨论的主要情形如下。

讨论主题1
审计人员如何取证，怎样保存审计证据？

内部审计人员A：根据《第2103号内部审计具体准则——审计证据》规定，内部审计人员向被审计单位或个人获得审计证据时，可以采取但不限于审核、观察、监盘、访谈、调查、函证、计算和分析程序。审计人员可以通过查阅被审计单位资料，观察被审计单位业务操作过程和员工行为，监盘被审计单位资产，与被审计单位各层级人员进行访谈并记录访谈内容，调查被审计单位资料，或者通过计算被审计单位财务数据进行数据分析，并与行业部门或同业比较来获得审计证据。审计证据需要认真保存，审计人员可以通过记录数据、访谈内容，或者通过录下谈话内容、封存存货资产、复印账册资料和凭证等方式保存证据。

内部审计人员B：内部审计人员主要通过对书面文件资料和账册的审

核或复核，书面记录审计发现的问题和依据，作为审计证据保存。另外，审计人员可以通过观察业务流程和行为来获得审计证据。影像资料或者经过当事人签字进行确认的现场经过的书面记录，可作为资料保存。审计人员还可以通过向被审计单位以外的机构进行函证，获得审计证据，比如可以向银行发询证函确认银行存款余额等，获得书面的函证证据。审计证据有的是通过访谈交流，询问被审计单位的人员或者相关机构的人员获得的，这种证据是以影音或者签字的文字记录的方式保存。保存的审计证据要定时进行备份、回放验证，保持审计证据完善或者可读取。

内部审人员 C：内部审计人员在审计中需要通过审计证据来证明审计发现，确定审计问题，提出审计整改的要求。所以审计证据必须通过审计活动获得，比如现场审阅被审计单位的账册、凭证和管理制度；观察、了解被审计单位如何开展业务及营销管理工作；访谈内外部的工作人员、治理层的领导、管理层的高管以及其他责任人员，了解被审计单位运行状况和管理状况，获得评价依据。内部审计人员还可以通过外部调查和函证获得资产存在和完整的证据，盘点被审计单位资产的存在和完好程度。在获得证据后，内部审计人员可以复印被审计单位书面资料、收集被审计单位电子数据资料和电子文档资料、录制音频和视频资料来保存证据。审计人员在证据的保存上要注意安全性，注意及时备份和归档。

高校审计专家 D：内部审计人员的审计工作必须遵照《第 2103 号内部审计具体准则——审计证据》的规定来进行，审计证据的获得有八种方式，分别是审核、观察、监盘、访谈、调查、函证、计算和分析。经济事项和管理活动记录是否真实，有无涂改日期、金额、数量，是否按照国家规章制度执行和被审计单位流程办理等证据需要通过审核来获得。被审计单位控制环境、资产质量及有关控制是否良好的证据，需要通过观察的方法来获得。实物资产是否完好，是否存在实物资产短缺、毁损、丢失等证据，需要采取监盘的方法来获得。来自外部机构的证据，如银行账户余额、信贷余额、应收账款、相关协议合同等资料，可以通过函证的形式来获得。确定被审计单位利润、财务收支、各种比例等是否计算正确的证据，可以通过计算和分析来获得。审计证据既有书面的证据、口头的证据，还有电子数据、实物证据等，需要认真保存，特别是需要及时归档，必要时进行备份和异地存放。

专家点评

讨论意见比较集中统一，大家都认为审计取证可以根据《第 2103 号内部审计具体准则——审计证据》的规定，采取但不限于审核、观察、监盘、访谈、调查、函证、计算和分析的方法。审计人员可以通过查阅被审计单位资料；观察被审计单位业务操作过程、员工行为；监督被审计单位资产的盘点；与被审计单位各层级人员进行访谈，记录访谈内容；调查被审计单位资料；通过计算被审计单位财务数据，进行数据分析以及与行业部门或同业机构的比较获取审计证据。对于审计证据的保存需要认真对待，需要将审计证据进行必要的备份，异地存放，定期回放，保证审计证据可读取。审计证据还应及时归档，签字确认，避免丢失和损毁。

讨论主题 2
开展审计业务时，是否可以单独去做审计项目？审计人员如何做好资源配置？

内部审计人员 A： 根据内部审计准则的要求，审计人员开展审计项目时，审计组成员必须是两人及以上，不能一人执行内部审计任务。因为审计组必须由审计组长和审计人员组成，审计工作包含审计查证和审计复核。开展审计调查和审计访谈工作时需要两人协同完成，以便公允地开展审计工作，审计人员之间相互监督，防止内部审计人员工作中出现审计舞弊，提高审计质量。另外，两人开展审计工作，可以相互作为审计事项确认的见证人，有利于确认审计证据，防控审计风险。审计部门在配置审计资源时考虑内部审计人员的专业胜任能力，包括业务能力、专业能力、学识水平、思想素质，同时还要考虑是否需要回避，安排适合的内部审计人员开展审计工作。

内部审计人员 B： 根据审计审慎工作的要求，内部审计人员开展审计工作一般需要两人以上。一个人执行审计任务，缺乏审计监督机制，没有另一个人监督，可能会造成审计舞弊。另外，一个人执行审计任务，取证会产生困难，所取得的证据缺乏说服力，证明性削弱，有的甚至会造成与被审计单位产生矛盾。审计需要两人开展审计业务，特别是现场审计和飞行检查、谈话、沟通以及观察等，从而提高审计质量。审计部门配置审计资源时需要考虑审计项目的性质，配置具有业务胜任能力的审计人员和足够的审计时间，如果是复杂的、专业性非常强的审计项目，还需要考虑配置外部专家进行技术支持。

内部审计人员 C： 我所了解的审计工作及审计准则的原则要求，都是需要组成审计组来开展工作，在审计中都需要进行审计工作的复核。另外，根据审计工作经验，内部审计工作中的每一项审计工作都是两人及以上开展的，他们在开展审计工作中相互见证、相互复核、相互监督，以此来消除审计工作中的风险，增强审计工作的准确性，提高审计工作质量。审计人员的资源配置原则是根据审计工作的复杂程度和审计目标来安排审计资源。审计资源包括审计时间、审计人员、审计技术资源、审计投入成本等。

高校审计专家 D： 内部审计人员需要遵守内部审计人员职业道德规范，按照审计工作的要求配置审计资源，根据审计目标和审计计划、审计方案来分配审计的人力资源。内部审计人员在安排内部审计资源时需要考虑审计人员的素质、岗位胜任能力、学识水平和沟通能力，合理安排开展现场审计的人员，组成审计组。为保证审计的有效性，审计人员不能一个人开展具体的审计活动。内部审计部门应该根据不同的审计项目或者审计事项，分别规定审计流程和审计取证方法，规定参加审计项目人员的审计职责和收集证据的方式、履行的手续。

专家点评

　　这个问题的观点非常统一，强调审计人员开展审计工作必须组成审计组，开展审计工作的人员需要两人以上，不能单人操作，遵守内部审计准则的要求和审计流程的要求，遵守内部审计人员职业道德规范，按照审计工作的要求配置审计资源，相互监督、相互复核审计工作事项，避免出现审计舞弊。审计资源的配置是需要根据审计项目和审计目标来确定的，审计资源包括审计时间、审计人员、审计技术资源、审计投入成本等。

讨论主题 3
审计证据丢失后，审计人员如何做有利于降低审计风险？

　　内部审计人员 A：审计证据的记录需要内部审计人员来实施，审计人员应当将获得审计证据的名称、来源、时间等完整、清晰地记录于审计工作底稿中，采集被审计单位电子数据作为审计证据，需要记录审计证据的采集过程以及见证人，需要完整保存审计证据的证明材料。如果出现审计证据丢失，审计人员首先需要看是否能够重新取得原来的审计证据；其次是还原取证现场，获得被审计单位及审计人员的证明材料。这些证明材料包括证明取得已丢失审计证据的来源、证据的名称、证据的具体情况等。如果证据不能重新取得，为了消除审计风险，需要对相关业务采取进一步审计程序，扩大审计样本量，或者进行全数据审计，弥补证据丢失的风险，披露业务实际情况。

　　内部审计人员 B：审计证据主要有书面证据、实物证据、视听证据、电子证据、口头证据、环境证据等。如果审计证据丢失就不能给出审计发现问题，得出恰当的审计结论，不能支持审计建议和意见。所以，审计证据丢失，是一起严重的审计事故。为了降低审计风险，审计人员就需要重新取得审计证据，重新采取审核、观察、函证、计算、分析、监盘、访谈、调查等方法获得审计证据。一方面可以重复原来取证的方法，对其他不同机构和不同业务人员进行飞行检查，取得相同的证据材料；另一方面，如果不能重复取得相关的审计证据，就需要对原来业务人员经办的所有业务，进行全面排查，进一步查证是否存在安全隐患和道德风险，还需要进一步扩大审计查证的范围，采取进一步审计程序，审慎地对待丢失证据的事实，准确反映被审计单位实际工作情况和可能存在的风险隐患。

内部审计人员 C：审计人员在审计证据丢失这件事上存在自身的责任，当事内部审计人员应该向主管领导汇报审计证据丢失的具体情况、造成的影响和拟采取的措施，请内部审计主管领导和被审计单位主管领导沟通审计发现以及审计证据丢失的情况，提请被审计单位治理层和管理层关注被审计单位金融市场业务及被审计单位违规人员的业务，充分提示风险。内部审计人员努力恢复审计证据，实施进一步审计程序，争取获得新的审计证据，审慎对待被审计事项，扩大样本量，进一步核实相关业务，消除审计可能的风险。

高校审计专家 D：审计证据对于审计结论、撰写审计报告、提出审计建议等作用巨大。审计证据的丢失，使已经开展的审计工作毫无意义。所以，内部审计人员为消除审计风险，首先，需要做的工作是向内部审计组长、审计负责人汇报审计证据丢失的原因，争取内部审计领导及审计组长的支持，并给出相应的补充审计证据的时间和资源；其次，积极采取措施重新获得相应的审计证据，如果审计证据不能重新获得，就需要进一步采取审计措施，全面审计被审计单位相关业务及相关人员的所有经办业务，进一步核实被审计单位风险业务真实的情况，是否存在舞弊情况及可能造成的损失；最后，就是以风险提示的形式与治理层和管理层进行沟通，提示风险和管理层及治理层应该采取的措施。

专家点评

这个问题大家讨论比较激烈，每一个人员都从不同角度论述了审计证据丢失后降低审计风险的方法。主要有如下的几种方式：一是看是否能够重新取得原来的审计证据，对其他不同机构和不同业务人员进行飞行检查，取得相同的证据材料；二是如果证据不能重新取得，为了消除审计风险，就需要对原来业务人员经办的所有业务采取进一步审计程序，扩大审计样本量，或者进行全数据审计，降低证据丢失的风险，披露业务实际情况；三是以风险提示的形式与治理层和管理层进行沟通，提示风险和管理层及治理层应该采取的措施。

讨论主题 4
有效的审计证据判断标准是什么？怎样才能取得有效证据？

内部审计人员 A：审计证据的有效性是审计证据的关键性要求。根据《第 2103 号内部审计具体准则——审计证据》的规定，审计证据的标准是指对审计证据形成审计结论、意见和建议的基础性要求，标准有两个维度：质量标准和数量标准。审计证据质量上存在缺陷，不能靠增加审计证据的数量来弥补。审计证据的判断标准有相关性、可靠性、充分性。审计证据的三个标准中，相关性与可靠性是对审计质量的考核，是审计标准的核心标准，只有相关及可靠的证据才是高质量的审计证据。要想获得高质量的审计证据，就需要通过审计审核、函证、监盘等核心手段，认真执行审计相关工作流程，努力通过蛛丝马迹来进行验证。审计人员亲自获得的证据和外部审计证据更可靠，也就是更有效的证据。

内部审计人员 B：内部审计人员在获得审计证据时，应当采取必要的审计程序，通过相关的审计技术和手段，从审计证据数量和质量方面入手，以取得更有效的审计证据。有效的审计证据需要考虑数量的有效性、可接受的审计风险水平的高低以及成本效益合理性原则。数量的有效性主要是指，数量大的项目或金额当然是重要的，但是，数量小的同样也很重要。考虑审计证据的有效性，不仅要考虑数量因素还要考虑性质因素。可接受审计风险水平是指审计风险水平与审计证据的充分性密切相关。成本效益合理性原则是指不能因为要花费高额成本而放弃对审计证据取得的要求，减少必要的审计程序，从而危害审计证据的有效性。为了获得有效的审计证据，必须充分判断所开展的审计活动是否有效、是否符合成本效益原则。审计人员所采取的审计程序必须是高效的，取得的审计证据必须是可靠和相关的。

　　内部审计人员 C：根据《第 2103 号内部审计具体准则——审计证据》的要求，审计证据的判断标准是相关性、可靠性和充分性。内部审计人员要想得出正确的审计结论、提出有效的审计建议，就需要获得与审计结论和审计建议相关的审计证据，这些证据必须是可靠的，即获得的手段可靠、记录的事项可靠。内部审计人员如果想要获得可靠、有效的审计证据，就必须有清晰的审计目标、可行的审计方案、充分的审计资源、科学的审计流程等。内部审计人员只有拥有务实勤恳的工作态度和扎扎实实的工作能力，才能获得有效的审计证据。

　　高校审计专家 D：有效审计证据是指能够保证审计结论准确、审计建议切实可行的证据。判断审计证据有效性的标准有可靠性、相关性及充分性。可靠性与相关性是审计证据的质量标准，充分性是指审计证据的数量性指标。可靠性与相关性的质量标准比审计证据的数量性标准更有效。内部审计人员获得有效证据的方法有很多，基础方法就是按照审计流程开展审计工作获得审计证据，进一步开展内外部数据和资料的收集，分析和计算收集到的数据和资料，归纳整理这些证据，科学地分类和判断这些证据的证明效力，提高审计证据的质量，降低审计风险。

<hr />

专家点评

　　审计证据的有效性判断标准非常重要，讨论意见集中在审计证据判断标准有可靠性、相关性和充分性。根据《第 2103 号内部审计具体准则——审计证据》的规定，审计证据分为数量性指标和质量性指标。质量性指标对于审计证据的有效性起到核心作用。数量性指标体现证据的充分性，但是审计证据数量增加不能弥补审计证据质量缺陷。有效的审计证据通过审核、监盘、观察、计算、分析和函证等方法获得，审计人员要遵守审计的必要流程，结合内外部数据和书面资料，获得有效证据。

讨论主题 5
审计证据存在异议，如何进行论证？什么情况下需要外部专家的介入？

内部审计人员 A：审计证据需要按照流程进行收集和归纳记录，还要安排专业人员进行审核，验证审计证据的有效性和可靠性。如果审计证据存在与被审计单位之间的异议，根据内部审计具体准则的要求，内部审计人员需进一步核实，查明审计证据存在异议的原因。如果存在内部审计人员由于采集方面存在错误和遗漏的，内部审计人员需要进行修正。如果经过核实，内部审计人员不存在错误和遗漏，采集过程合规、程序合法，就需要与被审计单位做好沟通和协调工作。如果存在专业性比较强的认知差异或者审计事项存在比较复杂的情况，就需要请外部专家或专业机构协助进行论证，通过获得外部专家的支持，解决争议，提高审计证据的有效性。

内部审计人员 B：当审计人员与被审计单位对审计证据存在争议和理解不同，无法达成一致意见时，内部审计人员应当注意审计工作方法。首先，要采取相应的审计流程或者更换审计人员或审计团队，重新获得相应的审计证据，复核验算已经取得的审计结论和审计结果。通过进一步审计程序，查明存在的审计证据异议的原因，如果确实是内部审计人员出现的差错或遗漏，就需要及时进行更正。如果内部审计人员不存在差错或遗漏，就需要积极与被审计单位沟通，告知复查审计证据的过程、采取的方法、得出的结论，必要时邀请被审计单位共同参与被审计事项的核查。如果不能和被审计单位达成一致意见，就提请共同的上级进行裁判，寻求上级主管部门的支持和裁决。如果还不行，就需要请专业机构予以协助或专家介入，得到专家的专业支持，提高审计证据的可靠性。

内部审计人员 C：如果审计证据存在异议，内部审计人员需要对存在异议的审计事项进行充分核实，采取必要的审计程序进行核查，核查的方法就是换人进行核查，增强权威性。如果不能取得一致意见，内部审计人员还可以提请审计委员会对审计证据进行复核，组织专家召开评审会议，特别是特殊资产评估、项目工程评估、产品或服务安全评估、法律风险评估、衍生金融工具计算等问题，利用专家专业能力给出专业判断，形成专家意见，解决内部审计人员与被审计单位之间的审计证据异议。

高校审计专家 D：当对内部审计证据存在异议时，内部审计人员需要根据审计准则和流程，组织审计证据核查工作，查明审计工作中是否存在缺陷，同时还可以引入专家团队进行鉴定，出具鉴定意见。内部审计部门还可以邀请当地内部审计协会的实务专家或者行业领军的审计人员，对被审计事项进行复核和评价，找出可能存在的审计流程或审计程序不足，解决争议。

专家点评

审计证据出现异议时，审计人员首先要从自身入手，查找存在异议的原因，核查审计取得的证据是否存在错误和遗漏，如果存在错误和遗漏就需要纠正。如果不存在错误和遗漏，审计人员就需要和被审计单位进行沟通，取得被审计单位对核查结果的认可，告知核查方法和流程。审计人员也可以邀请被审计单位派人参加核查，也可以邀请外部专家提供技术支持，或者邀请内部审计协会的专家进行复核和评价，解决争议。

4.3 延伸思考

　　这是关于内部审计证据丢失和如何补救的审计问题，相关的问题还有不少，比如，内部审计人员如何安排审计流程，以获得比较有效的审计证据；被审计单位不配合，限制审计范围时如何能够取得审计证据；在互联网比较发达的情况下，如何利用互联网技术，快速获得可靠的审计证据并准确地保存审计证据；大数据状态下，面对海量数据，如何获得审计证据，如何通过计算和分析获得可靠的审计证据；对于新入职的审计人员，如何通过学习培训和制定相应的审计流程避免发生审计证据丢失的审计事故，增强审计人员的工作责任心和工作效率；电子审计证据如何保管；是否制定应急预案，使审计人员能够妥善处理诸如审计证据丢失的问题；等等。对于这些问题，您是如何思考的呢？

　　通过这个案例，我们可以看到，目前在内部审计业务发展过程中，面对新的技术环境，内部审计人员有效保存数字化审计证据、有效地与被审计单位沟通以及处理应急问题的能力有待提高，由能力不足造成内部审计的处境尴尬的情况，需要引起我们的思考。因此，希望本案例的分析讨论，能给内部审计人员具体的审计工作带来帮助。

对与错的较量

持续性审计促进组织和内部审计价值双提升。

——周立云

5.1 案例背景

　　某沿海知名的民营制造业上市公司召开年末绩效分析会。发言的是车辆音控设备公司总经理，他分析了车辆音控设备公司的生产销售情况以及取得的经营效益，在提到存在的问题时很激动地说道："车辆音控设备公司面临着贸易压力和人民币汇率上升压力，还遭受内部审计部门的违规高额处罚。内部审计部门没有考虑经营单位的实际困难，不理解经营单位变通的业务处理模式，在盈利下降的情况下，执行严格处罚的政策，导致车辆音控设备公司一半的利润都交了内部罚款，降低了管理层及员工的绩效考核薪酬，影响了员工的积极性。"车辆音控设备公司总经理话音一落，其他各分公司总经理积极响应，纷纷指责内部审计部门不讲情面，不结合市场环境和行业经营潜规则，严格执行审计制度，行事死板和顽固，一点都不懂业务、人情，影响了大家的利益。一时间内审计部门成为众矢之的。

　　内部审计部门总经理无奈地站起来，对大家说："内部审计部门是按照审计制度和流程来开展工作的，履行股东和董事会赋予内部审计的责任，需要按照制度和要求来进行审计工作，规范经营行为，以减少公司的损失。另外，内部审计部门强调审计工作质量，衡量标准就是是否高效发挥监督作用，因此，内部审计人员会努力发现大家经营过程中存在的问题，这是审计绩效考核的表现形式，违规处罚也是按照制度来的，内部审计人员也理解生产经营中面临的环境和困难，但是违规了就要处罚。"

　　众人一听，纷纷发言："内部审计人员不仅为了高效执行审计制度、纠正违规问题，还为了获得更高的绩效。高罚款和内部审计人员自身的效益相关，处罚越多，内部审计人员的绩效就越高。"原来，该公司今年以来，董事会对内部审计进行了绩效改革，将内部审计人员的绩效与审计发现问题挂钩。内部审计人员的薪酬除了少量的基础薪酬外，一半以上的薪酬属于绩效薪酬。与审计发现问题挂钩，这一制度的实施可以按照审计发现问题的罚款按比例地计算内部审计人员的业绩薪酬，量化到人。这种方法极大地调动了内部审计人员的工作积极性，提高了工作质效，发现的问题越来越细、越来越深入，但这也引起了被审计单位的质疑，导致审计人员与被审计单位之间的关系恶化。

5.2
讨论情景及专家点评

　　董事会审计委员会了解到这情况后，出面组织了一场讨论会，争取解决目前的尴尬局面，在促进业务发展的同时，积极发挥内部审计人员的监督作用，促进集团公司健康发展。会议邀请了不同利益群体的人员，分别是集团生产经营部 A、风险合规管理部 B、同行业内部审计人员 C 以及会计师事务所注册会计师 D，与会人员围绕以下五个主题进行讨论。讨论的主要情景如下。

讨论主题 1
该公司将内部审计人员的绩效与审计发现问题和违规处罚挂钩，是创举还是错误?

　　集团生产经营部 A： 将内部审计人员绩效与审计发现问题挂钩，与违规处罚挂钩，确实是公司的一个创新，据我所知没有一家公司这样做。这种做法虽然能够提高审计人员的工作积极性，增强审计人员查处违规违纪的力度，但也对公司的经营造成影响，对公司的生产经营与销售带来负面的作用，不利于发挥生产经营与销售人员的工作积极性，减弱生产经营与销售人员开拓市场的能力。他们过去为了营利，会采取一些变通的办法，将业务揽过来，现在要被处罚，能不做就不做了。总之，将内部审计人员的绩效与审计发现问题和违规处罚挂钩弊大于利。

风险合规管理部 B：该公司将内部审计人员的绩效薪酬与审计发现问题和违规处罚挂钩确实是一种不同寻常的做法。这种做法可以加强风险管理的力度，能够加强审计人员的监督力度，使被审计单位能够认真遵守公司的生产经营管理制度，减少生产经营人员和销售人员以及决策制定人员的违规违法行为。生产经营机构和部门要教育员工遵纪守法、合规经营。审计处罚是对违规行为的惩罚，是违规人员和违规单位应该交的学费，所以我觉得该公司的做法是一种创举。

同行业内部审计人员 C：对于内部审计人员的绩效与被审计单位处罚挂钩，不算什么创举，也不是什么错误，是一个正常方法。同时，内部审计人员也面临着压力，因此内部审计人员需要充分了解被审计单位的业务，有能力发现被审计单位违规违纪的情况，有足够的审计资源，深入细致地开展审计工作，还需要有良好的沟通能力，取得被审计单位对审计结果的认可，能够接受审计处罚。审计绩效与被审计单位违规处罚挂钩确实能够调动审计人员的工作积极性，加大审计监督的力度。但是，这也导致审计人员面临巨大压力：一是需要不断学习提升审计能力；二是面对巨大的沟通压力和被审计单位的舆论压力；三是查不出问题和被审计单位没有问题的压力。

会计师事务所注册会计师 D：作为利益外的第三方中介机构的审计人员，我认为内部审计人员根据内部审计准则的要求开展审计工作，按照必要的流程和程序，为审计的委托人提供合理的保障，而不是绝对保障。内部审计人员的绩效薪酬与被审计单位的经济处罚挂钩是错误的，就像会计师事务所在承接审计时约定，将审计结果与被审计单位付费联系起来，会影响内部审计人员客观公正地判断被审计单位的业务处理和员工行为的合规性，从而影响业务的发展。审计就是要从管理上、制度上、流程上发现业务管理和业务发展中存在的缺陷，以风险控制和业务发展为目的。

专家点评

这个问题的意见非常不统一，每一个人都有自己的看法，有的是站在业务营销的角度，有的是站在风险控制的角度，还有的是站在审计人员的角度，角度不同，看法也不同。与会人员大都认为将审计人员的绩效与被审计单位的经济处罚挂钩的做法很少见。根据内部审计准则的要求，内部审计部门要建立内部审计质量考核体系，提高审计工作质量，同时要建立内部审计人员考核晋升相关制度，综合考核审计成果。审计发现问题多，违规处罚多，当然体现了审计成效，需要给予审计人员一定的奖励，但不是唯一标准，还需要审计人员不断提出改进流程、降低风险的建议和改进措施。

讨论主题 2
审计人员开展内部审计的目的是什么？怎样才能实现审计目的？

集团生产经营部 A：内部审计的目的就是内部审计人员通过开展内部审计项目和审计活动，通过分析业务数据、梳理业务流程、监控业务行为，发现业务中存在的问题，预警业务风险，保证被审计单位业务安全运行、远离麻烦和风险，进而提高业务运行效率、降低风险损失、简化流程、优化成本配置。为了实现审计的目的，审计人员需要加强服务意识，不断提高审计能力，熟悉业务流程和决策机制，具有业务发展的前瞻性和风险预测能力，协助被审计单位防控风险，保障被审计单位业务安全运行和健康发展。

风险合规管理部 B：内部审计人员开展内部审计首要的目的是通过组织审计项目，提供审计服务，发现被审计单位存在的风险隐患，以及业务发展中存在的不足，并向董事会、经营层提出改进建议，督促董事会、经营层不断完善业务流程和业务制度，防控风险的发生，减少损失浪费，提高企业经营效益，实现价值增值。实现审计目的的方法很多，总的来说就是根据被审计单位的规模和业务复杂程度，合理配置审计资源，明确审计人员的职责，提高审计人员的专业胜任能力，独立自主地开展审计工作，以审慎的态度开展审计工作。

同行业内部审计人员 C：根据《第 1101 号——内部审计基本准则》的规定，内部审计是一种独立、客观的确认和咨询活动，它通过运用系统、规范的方法，审查和评价组织的业务活动、内部控制和风险管理的适当性和有效性，以促进组织完善治理，增加价值和实现目标。这就是说，内部审计是通过审计人员的审计活动，发现和识别风险，促进组织完善治理结构，为组织创造价值，实现价值增值的活动。在内部审计中，为了实现审计目标，需要优化审计资源配置，建立有效的激励机制，不断提高审计人员的业务能力和业务素质，提高审计技术手段，规范审计记录，推进审计工作深入持续开展。

会计师事务所注册会计师 D：我觉得内部审计人员开展审计的目的就是提高被审计单位防控风险的能力，促进被审计单位完善内部控制，隔离风险，消除被审计单位的麻烦，远离案件，增加被审计单位经济效益。内部审计与国家审计、会计师事务所的外部审计的作用不同。内部审计是为被审计企业服务的，内部审计人员根据高级管理层的要求和期望开展工作；国家审计代表国家来进行法律法规遵守情况的审计，具有强制性；会计师事务所的审计更强调在服务的基础上体现公允性，为广大的会计报表使用者服务，揭示被审计单位的风险以及企业的价值。内部审计目的是通过内部审计人员的审计活动实现的，内部审计人员必须履行必要的审计程序，执行严格的审计标准，利用专业技能来识别风险、降低风险，实现企业价值增值。

专家点评

对于这个问题的讨论，大家意见基本一致。根据《第 1101 号——内部审计基本准则》的规定，内部审计的目的是通过独立、客观的审计活动，运用系统的、规范的审计方法，审查和评价被审计单位业务活动、内部控制和风险管理的适当性和科学性，以此来促进组织的完善和企业价值的增值。审计在降低企业风险、减少企业损失的过程中，也实现了审计的价值，审计也会创造利润。实现审计目的的方法很多，总体来说就是通过审计活动，合理配置审计资源，通过提升审计人员素质、优化审计手段，提高识别风险和防控风险的能力，促进董事会和管理层完善制度和优化流程，降低风险和损失浪费，实现企业的价值增值。

讨论主题 3
怎样看待审计监督和业务发展之间的关系？什么样的审计是被喜欢的审计？

集团生产经营部 A： 审计监督和业务发展之间是一种监督和被监督的关系，在我看来审计监督和业务发展是矛盾的。业务部门首先考虑的是业务发展，如何将业务做下去，更多的是站在业务营销的角度，考虑盈利性多一些，考虑风险少一些，有的为了做成业务甚至打擦边球。而审计部门更多地考虑业务风险和业务合规性，更多地要求被审计单位认真执行业务的规章制度和流程，不希望被审计单位打破规则，超出边界。被喜欢的审计是能够更多地从业务发展的角度出发，根据实际环境和竞争状况来开展审计工作、安排审计项目、判断审计事项、得出审计结论的审计。审计需要有灵活性和人情味。

风险合规管理部 B： 审计监督和业务发展不矛盾，它们的目的是相同的，都是要防控风险，减少由于风险造成的损失浪费。要想业务能够高质量地发展，就需要在考虑盈利性的同时，考虑业务发展中可能存在的风险和隐患。如果业务人员不重视风险，就会做无用功，造成被审计单位的资产损失，业务人员也不会有绩效，甚至还要对损失进行赔偿。比如，一家银行客户申请贷款提供虚假的资金用途，业务人员为了拓展业务向其发放贷款，造成信贷资金本金的巨额损失。审计人员开展审计工作就是要发现被审计单位那些侵吞被审计单位信贷资金本金的客户，规范被审计单位的流程，降低被审计单位的损失。所以，业务发展和审计监督的目的是一致的。被喜欢的审计就是能够为被审计单位考虑，协助被审计单位识别风险、完善流程，提高被审计单位风险意识，降低被审计单位资产损失，而不是一味地以审计处罚为主的审计。受大家欢迎的审计能真正实现审计服务和价值增值。

同行业内部审计人员 C：我觉得审计监督和业务发展本身并不矛盾。审计监督是为了被审计单位能够规范业务操作流程，提高业务决策的科学性，通过大数据分析，尽早识别业务发展的风险隐患，协助被审计单位制定整改措施、完善流程和决策机制、降低业务发展中的损失。业务发展的目的除了业务规模的增加，更多的是科学地发展，合规合法经营。内部审计人员利用审计的专业能力，站在客观的立场，分析业务发展中存在的可能问题和风险，多给业务部门提供业务发展前瞻性的建议，促进业务健康发展。这样的审计便是被喜欢的审计。

会计师事务所注册会计师 D：审计监督和业务发展是一种相互促进的关系。审计监督是为了更好地促进业务发展，减少风险隐患和损失浪费，不断完善业务流程，提高管理决策能力。业务发展是为了追求经济效益，为股东创造最大价值，提高生产规模和生产效率，实现市场份额的增加，使业务发展健康稳定。被喜欢的审计就是能够正确处理审计监督和业务发展的关系，一切从实际出发，积极发挥审计监督作用，真正站在企业发展的角度，不断完善制度和流程，降低风险损失，提高审计质量和成效，为企业发展提供全方位服务的审计。

专家点评

这个问题大家讨论比较激烈，每一个人都从不同角度论述了审计监督和业务发展的关系。主要有以下两种意见：一是以业务部门为主的强调审计监督和业务发展是矛盾的；二是其他人员认为业务发展和审计监督目的一样，是一种相互促进的关系。总之，我们不能将审计监督和业务发展简单地隔离开来，审计监督和业务发展目的一致，都是防控风险，提高被审计单位的经济效益。与会人员一致认为，被喜欢的审计就是能够及时识别风险、防控风险，多从业务发展和风险防控的角度，积极履行职责，促进业务健康发展，提升经济效益的审计。

讨论主题 4
审计人员如何提高审计质量？评价审计质量的标准是什么？

集团生产经营部 A：审计质量对于审计工作很重要。审计人员提高审计质量可以从以下几个方面入手：一是内部审计人员要有可胜任的工作能力；二是内部审计人员要有工作责任心和信心，能够做好审计工作；三是建立内部审计质量控制体系，加强审计工作的质量复核；四是审计复杂的业务或者专业性非常强的业务需要引入内外部业务专家，帮助内部审计人员做好审计工作。评价审计工作质量的标准是能够有效揭示业务管理中存在的问题和风险，提出切实可行的改进策略和方法，准确识别风险，降低业务损失，促进业务健康发展。

风险合规管理部 B：审计人员要想提高审计工作质量就必须不断提高自身的业务素质和政治素质，有责任心，合理安排审计资源，准确和快速地识别风险，充分了解业务的性质和运行规律，建立审计工作流程和程序，预测可能的风险和损失，降低风险造成的负面影响。评价审计质量的标准是审计成效，即能够围绕董事会、经营层工作目标开展工作，完善内控制度，降低业务损失，实现业务健康高效发展。

同行业内部审计人员 C：提高审计工作质量非常重要，是审计工作成功的关键。如何提高审计工作质量是每一个审计人员所要考虑的问题。要想提高审计工作质量就要关注领导关心的、员工热议的问题，围绕管理难点安排审计项目，根据风险热力图和风险发生的重要性和概率，确定审计重点，按照审计流程和程序实施审计项目，熟悉被审计业务的流程，准确识别风险，消除风险管理的不确定性，提高审计的成效。评价审计质量的标准是审计结果的准确性、审计证据的充分性和有效性、审计建议的可行性。

会计师事务所注册会计师 D：根据《第 2306 号内部审计具体准则——内部审计质量控制》的要求，内部审计机构负责人和审计项目负责人通过督导、分级复核、质量评估等方式对内部审计质量进行控制。内部审计的督导是通过审核、查阅、询问、评价和建议，有针对性地对审计计划、审计过程、审计工作底稿、审计证据、审计报告等进行全方位督导，目的就是提高审计工作质量，降低风险。评价审计工作的质量标准有：能够准确揭示风险、消除风险、完善流程、提高被审计单位经济效益、便被审计单位远离不必要的麻烦和案件。

专家点评

讨论得出的结论比较统一。大家都认为，根据《第 2306 号内部审计具体准则——内部审计质量控制》，内部审计要建立质量控制体系和评价标准，合理配置审计资源，按照审计工作流程和程序开展审计活动，快速识别风险，降低风险，完善业务流程。内部审计机构负责人和审计项目负责人通过督导、分级复核、质量评估的方式对内部审计质量进行控制。内部审计质量评价标准是审计成效，即降低风险，完善流程，促进业务健康发展。

讨论主题 5
在审计绩效不与审计处罚挂钩的情况下，董事会如何调动审计人员的积极性，提高审计的成效？

集团生产经营部 A：审计绩效不与审计处罚挂钩，可以提高审计部门与被审计单位沟通的效率，消除审计利益冲突，能够在相互理解的基础上，开展审计工作。董事会可以通过为内部审计人员提供良好的福利待遇和晋升机会来吸引业务能力强的审计人员，树立审计人员爱岗敬业的模范形象，来激励内部审计人员。董事会还可以给审计人员提供业务交流和学习的机会，促进审计人员不断学习新业务，全身心投入审计工作中，提高审计人员的工作积极性。

风险合规管理部 B：董事会可以充分了解审计人员的需求和期望，有针对性地实施激励工作措施，提高审计工作效率。一是从业务能力提升方面入手，加大培训和学习的力度；二是从薪酬激励方面入手，给予内部审计人员岗位职责匹配和胜任能力相当的工资福利水平，体现对内部审计人员的关怀；三是建立岗位晋升机制，公平公正地选拔优秀的审计人员到业务发展的重要岗位。

同行业内部审计人员 C：根据《第 2306 号内部审计具体准则——内部审计质量控制》的要求，责成内部审计部门建立岗位责任制，确保内部审计人员遵守内部审计人员职业道德规范；保持并不断提高内部审计人员的专业胜任能力，给予内部审计人员尊重和必要的学习培训机会；依据内部审计准则制定内部审计流程和程序，编制年度审计计划和中长期审计计划，合理分配审计资源；建立审计项目督导和复核机制，实施三级复核制度和主审竞聘制度；开展质量评估，提高审计质量和成效。

会计师事务所注册会计师 D：董事会在调动内部审计人员积极性方面除了可以将审计绩效与审计查处问题和审计处罚挂钩，还有其他多种多样的办法和措施。比如，建立内部审计工作质量体系，建立标准化的审计业务流程，积极安排内部审计人员参加交流和学习活动，培训其业务审计能力，提高审计人员的业务胜任能力，关心员工的身体和心理健康，充分做好准备工作，预防被审计单位重大风险的发生，安排审计人员直接向主要负责人报告审计成果和审计成效，提高审计人员的工作积极性。

专家点评

经过讨论，大家都认为，对内部审计人员的激励，不局限于审计成效与审计发现和审计处罚，还存在于审计过程的不同阶段。根据《第 2306 号内部审计具体准则——内部审计质量控制》的要求，内部审计部门应建立岗位责任制，确保内部审计人员遵守内部审计人员职业道德规范，保持并不断提高内部审计人员的专业胜任能力，建立质量控制体系和薪酬体系，将审计质量与审计发现挂钩，不断为审计人员提供学习进修机会，强化其业务发展和审计监察的协同身份，共同努力发现风险，提高审计的成效。

5.3
延伸思考

　　这是关于审计绩效与审计处罚的问题，同时也是缓和审计部门与被审计单位之间关系的问题、统一审计目标的问题。需要讨论的问题还有不少，比如这件事是否可以征求董事长、监事长以及其他高管的意见；审计的绩效标准是什么；董事长在叫停审计绩效与审计处罚挂钩后，是否有新的刺激措施激励内部审计人员继续提高工作积极性；内部审计部门与业务发展部门的利益如何进行协调，才能促进被审计单位业务发展，风险可控；如何打造业务发展与内部审计人员的协同能力；如何提高审计人员自身的专业胜任能力；是否可以通过标准化的流程来规范内部审计的审计工作业务等。对于这些问题，您是如何思考的呢？

　　通过这个案例，我们可以看到，审计人员与被审计单位之间存在许多问题。业务部门与审计部门之间形成很深的矛盾，认为内部审计为了自身利益侵害业务经销机构员工的利益，造成信任危机。同时，内部审计部门经常会面对被审计单位的不理解，甚至被审计单位抱怨其减少了股东和经营者的收益。在激励的过程中，如何有效激励，促进被审计单位和谐发展，成为内部审计遇到的新问题。希望通过本案例的分析讨论，审计人员可以提高识别风险的能力，得到一些有益的启发。

案例 6

苦涩的收益

建章立制促预防，查错纠弊督整改。

——纪新伟

6.1

案例背景

　　某省上市集团公司的审计部根据年度审计计划，对其下属的铜加工厂进行专用资金使用情况专项审计。审计中，审计人员发现在集团拨付的专用资金专户中有 1 亿元资金不翼而飞，在工程建设中没有支出的情况下，少了 1 亿元。审计人员审查发现铜加工厂生产线建设专用资金账户余额和在建工程投入金额不相符，进一步查阅银行账户发现这 1 亿元专项资金付给了一家生产原铜的企业而不是在建工程的施工企业，用于购买铜加工厂的生产原料铜锭。

　　大额的专用资金被挪用，是个人行为还是集体行为？审计人员带着满心的疑问，询问了被审计单位财务人员："为什么本该属于铜加工厂的生产线建设专用资金被挪用为购买铜加工厂的生产原料资金？财务制度中规定资金需要专款专用，不能改变资金的用途，否则是严重的违规问题，集团公司需要收回全部的违规资金，还要对相关责任人员进行处罚。"铜加工厂的财务人员解释说："我们铜加工厂也知道财务管理制度，专项资金需要专款专用。但是我们也存在特殊情况。一是，今年以来大宗原材料涨价速度非常快，国际市场上铜的价格飞涨，且由于运输的问题，铜的供应大幅度减少，甚至很多情况下买不到铜，直接影响了我们公司的生产，成本也大幅度提升。公司为了降低成本和保证生产，急需购买一批原料铜作为库存。二是向集团申请购买原料铜的资金迟迟没有批复，银行贷款资金受到规模限制，短期内无法解决。三是公司管理层看到集团拨付的生产线建设专用资金一直闲置，就考虑暂时使用一下，先购买急需的原料铜，等集团拨付的购买原材料资金到位后，马上还回生产线建设专用资金账户，况且这批铜的价格已经涨了40%，等于为公司节约了4 000万元的成本。我们公司为此还专门开会集体讨论，通过了这一决定。"

审计人员根据集团财务管理的规定，将1亿元购买原料铜的生产线建设专用资金，定性为挪用，改变了资金用途，未做到专款专用，按照集团公司的规定收回1亿元生产线建设专用资金，并且将1亿元带来的收益4 000万元全额收缴到集团。在审计发出事实确认书的同时，集团公司批复了铜加工厂申请的购买原材料的资金申请，拨付了1亿元资金，铜加工厂将这1亿元还回了生产线建设专用资金账户。

铜加工厂的管理层希望审计人员考虑铜材料涨价的现实因素，挪用资金购买铜材料也是无奈之举，一切都是为了公司利益，不存在个人私利，还为企业带来4 000万元的收益。管理层认为用生产线建设专用资金购买铜材料是经过铜加工厂管理层集体讨论通过的，资金已经还回，未给公司造成损失，希望从轻处理。审计人员坚持铜加工厂存在过错，违规事实已经存在，违规就是违规，审计有审计的制度，一定要按制度给出严肃处理。一时间双方各持己见，僵持不下。

6.2
讨论情景及专家点评

　　集团审计部在听取审计组反映的问题后，组织了一次讨论，大家的观点不一，无法达成一致意见。于是审计部就请市内部审计协会出面组织一场讨论会，争取能够早日解决目前僵持不下的局面，找到一个切实可行的解决办法，既能控制风险、遵守制度，又能妥善处理出现的突发状况，真正发挥审计的监督、咨询、评价的作用。会议邀请其他单位不同岗位的人员参加，他们是机械制造公司的专家 A、贸易进出口公司的专家 B、同行业集团审计专家 C 以及会计师事务所注册会计师 D，与会人员围绕以下五个主题进行讨论。讨论的主要情景如下。

讨论主题 1
企业开展内部审计的目标是什么？内部审计的监督作用如何发挥？

　　机械制造公司的专家 A： 我国的企事业单位设立内部审计机构，组织开展内部审计工作，其内部审计的目标是为了促进组织完善治理、增加价值和实现经营目标；确认被审计单位的业务活动和内部控制以及风险管理是有效的和可持续的；被审计单位的经营活动和决策管理是在监督之下，不存在危及被审计单位持续经营的情况。审计就是为所在企业服务的，目的是促进业务健康发展。内部审计的监督作用是靠审计检查活动来发挥的。内部审计部门在董事会的授权下，根据企业面临的环境和情况，合理安排审计项目，开展审计监督，对存在的问题提出整改建议。

贸易进出口公司的专家 B：内部审计是企业自我完善和自我提高的一种机制和手段，是我们企业单位管理层离不开的一个群体。内部审计的目标是更好地为业务发展服务，主动发现业务部门未能识别的风险，降低资产损失的可能性，协助业务部门发现问题、纠正问题。内部审计部门还要利用数据分析技术以及独立的地位，客观地评价业务发展的科学性和有效性，防止业务跑偏。审计监督作用是通过给业务发展多提建议和意见而发挥，而不是一味地处罚。

同行业集团审计专家 C：内部审计部门是企业组织机构的一部分，在企业组织的授权下，根据内部审计准则开展审计工作，其目标是通过审计活动来纠正错弊，发现企业管理中存在的问题，减少资产损失，保证企业正常的运转，同时，为企业绩效改善提出建议和意见。审计的主要目的是审计监督，打击违规，然后才是企业绩效的改善。审计监督作用的发挥需要内部审计人员积极履行监督职责，增强自身风险识别能力并坚持原则。

会计师事务所注册会计师 D：站在独立的外部审计机构的角度来看企业的内部审计，我觉得内部审计首要的责任和目标是规范企业的业务操作流程和决策流程，不能随意变动已经制定的业务规则。虽然这次铜加工厂的管理层利用 1 亿元取得了很好的收益，但是幸运不会总青睐于这些管理层，很多情况下，越是不想发生的事情越会发生。审计人员不能根据结果来判断违规事情的性质，要根据行为来判断违规事情的性质，杜绝一切可能发生的灾害，不让一个交易员就让一个百年巴林银行倒闭的事情再度发生。审计监督作用的发挥就是严格按制度执行工作。

专家点评

这个问题的讨论意见不一致，与会人员的观点明显分为两类，一类强调审计的服务职能，体现了审计为业务服务主动发现风险、提示风险，协助业务发展，降低企业资产损失，为企业发展提供帮助，而不是以监督处罚为主。另一类强调审计的监督作用，审计首先是规范企业的经营行为，控制风险，在监督的基础上提供咨询和评价服务。根据内部审计准则的要求，审计的职能有监督、评价和咨询三种，在具体审计工作中需要根据实际情况进行判断。对于过程和结果，内部审计人员都要考虑，如果存在各执一词的情况，内部审计部门可以提请董事会审计委员会决定或者请外部机构裁决。

讨论主题 2
企业快速应对市场变化，采购了原料铜，为企业带来了效益，也为企业创造了价值，与审计人员通过审计创造价值有什么不同？如何才能实现更好的效果？

机械制造公司的专家 A：铜加工厂为企业带来的价值是通过产品的购销带来的价值，是一种生产经营活动创造的价值，这种价值带有风险性，所以对于生产经营创造的价值要持审慎的态度。审计人员通过完善流程、消除冗余的环节识别风险，降低不良资产的产生，提高组织效率，实现的价值增值是一种管理效益，是在识别风险的基础上创造的价值增值。虽然两种价值的来源不同，但都是增加企业的价值。企业在生产经营过程中创造价值要体现合规性，将决策流程不断完善，更多地听取风险部门或者审计部门的意见。审计部门创造价值主要通过提出改进建议，更多地取得高管层的支持和业务部门的理解与响应。这样才能实现更好的效果。

贸易进出口公司的专家 B：审计部门与企业生产经营部门创造价值的方法不同。审计部门通过开展审计业务，发现生产管理方面存在的薄弱环节，采取相应的处理措施，减少损失，提高组织运行效率，节约成本，获得超额收益，从而创造价值，是一种管理提升。企业在生产经营中创造价值是利用商品流转、生产过程中产生的附加值带来价值提升，其产生是依赖于生产经营。实现更好的效果需要两种价值创造相互结合，将审计创造价值融合于企业生产创造价值之中。

同行业集团审计专家 C：内部审计是通过审计活动，利用确认和咨询的功能，审查和评价组织的业务活动、内部控制和风险管理的适当性和有效性，以促进组织完善治理，增加价值和实现目标。企业生产经营活动产生的价值来源于经济活动。企业利用生产和销售，来实现资金流与物流的交换，获得价值增值。审计价值创造是基于生产经营的价值创造，生产经营是审计价值增值的基础。企业应该依法合规进行经营，根据市场变化及时按照制度履行审批手续，才能在合规前提下保证收益最大化。

会计师事务所注册会计师 D：审计就是根据审计目标组织开展审计工作，识别企业经营过程中存在的风险，完善业务流程，降低成本，以取得良好的经济效益，获得企业的价值增值。这种增值不需要像生产经营一样投入生产物资，利用机器设备进行生产，再将产品销售出去获得收益。生产经营活动是一切价值的源泉，是价值创造的基础，内部审计人员可以利用审计活动，将两种价值创造结合起来，相互促进，实现更好的效果。

专家点评

关于这个问题的讨论，大家意见基本一致，企业生产经营的价值创造与审计管理提升的价值创造是两种形式的价值创造。一个是有形物资和现金流的转换，另一个是无形劳动带来的管理价值的提升。根据内部审计准则的规定，内部审计工作是通过系统的方法和技术，对业务活动、内部控制以及风险管理情况进行有效性评价，以促进并完善组织治理，促进企业价值增值和企业管理目标的实现。企业生产经营创造的价值是审计管理价值创造的基础，审计管理价值创造通过企业生产经营价值创造实现。

讨论主题 3
被审计单位对审计定性不认可，内部审计人员如何应对？

机械制造公司的专家 A：被审计单位对审计定性不认可是我们经常会遇到的情况，需要审计人员耐心地和被审计单位进行沟通，可以参照《第 2105 号内部审计具体准则——结果沟通》。结果沟通的目的是提高审计结果的客观性、公正性，并取得被审计单位、组织适当管理层的理解和认可。被审计单位对审计意见不认可，在充分组织和多次沟通无果的情况下，审计人员有必要和被审计单位的管理层和治理层进行沟通，告知被审计单位可能的违规事实、造成的影响和潜在的损失，以及有必要采取的措施和放任违规行为出现的影响。审计的沟通也需要采取书面的形式进行，从而获得必要的审计沟通证据。

贸易进出口公司的专家 B：我觉得在被审计单位对审计意见不认可的情况下，内部审计人员不能激化矛盾，而要采取说理的办法，将被审计单位的违规行为进行深入的剖析，从中找出违规可能造成的损失。内部审计人员应该保持良好的沟通态度，结合实际的经营环境，认真寻找审计定性的依据。内部审计人员在审计沟通时，需要开动脑筋，妥善解决争议，避免可能带来的损失或风险。内部审计人员更要注意沟通的技巧和工具，必要时和公司治理层和高级管理层沟通审计报告、审计结果、审计证据。

同行业集团审计专家 C：审计沟通是一种双向的交流，要想与被审计单位和组织适当管理层进行沟通，内部审计人员要做好充分的思想准备，注意沟通技巧，提升语言表达能力，沟通时要列出沟通提纲，确定所要表达的信息内容，特别是不被认可的事项的来龙去脉，以及对生产经营造成的影响，最好有案例或者参考事项，增强说服力。在审计部门与被审计单位的意见不能达成一致时，为了避免出现沟通困境，内部审计人员需要提升沟通的层级，与被审计单位的高级管理层和治理层进行沟通，汇报被审计单位经营状况和违规事项，取得领导的支持和帮助。

会计师事务所注册会计师 D：审计意见的沟通对于取得被审计单位的

理解和支持有很重要的意义。根据内部审计相关准则的规定，在沟通审计结果前，内部审计机构首先要做好规划，准备好丰富的资料，听取被审计单位对沟通事项的反馈意见。针对被审计单位对审计结果的异议，审计项目负责人及相关人员要进行认真复核，对于被审计单位提出的改变经营模式的方法，给出审慎的审计结果和答复。内部审计部门与被审计单位存在沟通问题时，内部审计人员就需要和被审计单位的主管部门或分管机构进行沟通，反馈审计结果，取得被审计单位主管部门或分管机构负责人的支持。

专家点评

对于这个问题，大家取得了一致意见，大家认为内部审计人员需要与被审计单位就审计事项进行沟通。根据《第 2105 号内部审计具体准则——结果沟通》，沟通前内部审计人员要做好准备工作，沟通过程中内部审计人员要有耐心。结果沟通的目的是提高审计结果的客观性、公正性，并取得被审计单位、组织适当管理层的理解和认可。如果内部审计人员与被审计单位沟通遇到障碍，就需要与治理层和管理层沟通。

讨论主题 4
审计沟通的形式多种多样，什么情况下必须使用书面沟通，才能取得良好的沟通效果？

机械制造公司的专家 A：我知道你们内部审计有审计结果沟通的准则，其中规定的沟通形式有书面沟通和口头沟通两种。我理解书面沟通用于很重要的事项，显得非常正式，也有利于把事情说清楚，并且书面沟通可以充分表达自己的真实想法。书面沟通应该是内部审计人员发现被审计单位有重大违规事项，造成被审计单位资产损失；重要合同出现重大缺陷，经营决策和管理可能出现安全事故等情况时采取的沟通方式。被审计单位也可以书面答复，将被审计单位经营的实际情况，以及审计发现问题的意见准确地回复给内部审计部门。

贸易进出口公司的专家 B：审计沟通是通过书面或者口头的形式，将审计部门和被审计单位的意见表达清楚，对审计事实和审计定性取得一致意见，有利于内部审计人员发现问题和被审计单位改正问题。书面沟通是内部审计人员认为审计发现比较重大，需要进一步确定审计发现的事实和产生的原因时采取的沟通形式，也是内部审计人员为了进一步获得审计证据的一种有效形式。内部审计需要书面沟通的事项由内部审计人员提出，审计项目组负责人审核后，才能提交给被审计单位。

同行业集团审计专家 C：根据《第 2105 号内部审计具体准则——结果沟通》的规定，审计结果沟通一般采取书面或者口头方式。书面沟通方式是利用书面文字来进行信息传达，其优点是显得正式，并且沟通留有痕迹，便于表达复杂和重要的内容，表达更清晰，不容易造成理解错误或者误解。审计的书面沟通一般用于审计的重要事项，比如审计需要管理层声明承诺的内容、审计的事项约定书、审计过程中发现的重大问题、定性比较困难或者复杂的业务问题等。当然书面沟通并不是不需要口头沟通，一般的做法是将书面沟通与口头沟通结合使用，效果会更好。

会计师事务所注册会计师 D：与审计沟通相关的准则不仅有《第 2105 号内部审计具体准则——结果沟通》，还有《第 2305 号内部审计具体准则——人际关系》。两个准则都强调书面沟通和口头沟通两种形式。审计沟通分为三个层次。一是内部审计与被审计单位进行沟通，更多的是现场口头沟通和审计结果的书面沟通，将内部审计人员认为重要的审计事项和审计发现利用书面沟通的形式，清楚地记录沟通的内容和沟通的结果。二是内部审计与被审计单位的治理层和管理层沟通，最好的形式是书面沟通，让管理层和治理层有充足的时间考虑审计汇报的事项和建议。三是内部审计与监管部门的沟通，这种沟通也建议采取书面的形式，审慎地汇报审计的发现以及审计的建议，避免出现沟通失误。

专家点评

　　讨论得出的结论比较统一，都认为审计沟通有书面沟通和口头沟通两种形式。内部审计相关准则也提到审计沟通的这两种形式。口头沟通包括询问、会谈、调查、讨论、会议和征求意见等，其特点是简便易行、灵活方便、沟通速度快、反馈及时，并且能够及时听取被审计单位对审计结果的意见和建议，能够很好地表达各自的立场观点，有利于双方充分协商，加快沟通的信息交流。书面沟通比较正式，有利于沟通资料的保管，能够留存较多的沟通证据，表达准确。书面沟通主要是对重大的审计成果、复杂的审计事项、需要引起被审计单位治理层和管理层重视的审计发现和审计处罚建议或管理建议的沟通。书面沟通便于留存审计沟通结果，消除审计风险。

讨论主题 5
审计的成果应用很重要，如何进行审计成果的应用才能使成果效能最大化？

　　机械制造公司的专家 A：作为被审计单位的一员，我们希望内部审计部门在审计结束后能将审计的成果进行提炼，作为管理建议或者问题报告提供给我们。我们期望得到的是内部审计部门在审计中发现的经营管理方面存在的问题、管理上的缺陷、客户的信用状况、可能造成的资产损失、面临的声誉影响、利率和汇率走势对企业经营的影响，以及同业好的管理方法等。这种审计成果需要不断地提炼。被审计单位要重视这些审计成果，将审计成果应用到改进机制、完善流程、降低风险方面，才能发挥巨大的作用。

　　贸易进出口公司的专家 B：审计成果的应用很重要，内部审计部门应该将审计成果进行提炼，将审计成果以各种形式提交给被审计单位以及被审计单位管理层，引起被审计单位管理层的重视。内部审计部门促使被审计单位从管理机制建设入手，完善内部控制流程和相关制度，开展学习培训。同时，被审计单位可以开展类似问题的排查，组织进一步的讨论，深入持续推进审计整改工作。

同行业集团审计专家 C： 审计成果的有效应用分为两个层面。一是对于被审计单位，内部审计部门将审计发现的问题以及审计发现问题的产生原因进行深入分析总结，从制度流程、内部控制机制、风险识别能力以及风险识别方法等方面加以分析，向被审计单位揭示问题，提出改进建议。内部审计部门还应督促被审计单位举一反三，深入排查类似问题，建议被审计单位管理层从公司治理的角度，构建风险防控以及绩效激励机制，完善相应的制度流程，引入科技手段，将人控改为机控，扩大审计成果应用范围。二是对于内部审计部门，内部审计人员将审计方案、审计计划、审计要点、审计案例进行总结提炼，建立相应的案例库、方案库、要点库等，提炼审计要点和方法，构建新的审计数据分析模型，开展审计人员审计技巧的培训，提高审计的绩效。

会计师事务所注册会计师 D： 要实现审计成果的有效应用，首先要进行审计成果的提炼，将审计发现的问题进行总结，将审计建议和制度完善的要求进行落实。其次是建立审计成果落实机制，跟踪评价审计整改和管理建议的落实成效，将审计成果转化为业务管理的措施。最后，审计成果的应用还与被审计单位的重视、被审计单位管理层的态度有关，只有领导重视，亲自抓落实，才能促进审计成果的转化。

专家点评

大家一致认为审计成果的转化非常重要。好的审计成果应用首先需要内部审计人员根据审计工作经验和业务能力，提炼出审计发现的问题，以及制度、管理流程、管理机制方面的缺陷，总结审计整改的建议和措施，及时向被审计单位及管理层提出。其次需求被审计单位管理层及被审计单位自身重视审计成果，建立审计成果转化机制，组织风险的排查，做到举一反三，并且能够从机制、流程、制度、系统方面进行完善。再次需要建立审计成果落实机制，跟踪监督和评价审计成果的落实。最后需要内部审计人员将审计方案、审计经验、审计要点进行总结归纳，建立审计知识库，包括案例库、要点库、方案库等，构建新的模型，加强审计技巧培训，提高审计成果应用成效。

6.3 延伸思考

　　这是关于内部审计部门与被审计单位存在异议，如何处理异议的问题，同时也是如何使审计成效最大化的问题。类似问题还有不少，比如审计对于违规和不违规的判断标准是什么，是单纯的财务管理方面的制度，还是有其他效益类判断标准。本案例中，铜加工厂管理层对于利用生产线建设资金购买原料铜的决策存在问题，那么如果经过集团管理层讨论同意铜加工厂用生产线建设资金购买原料铜是否违规；集团公司对于这种突发资金需求，是否有应急预案；是否快速批复下属公司资金需求，就不会出现下属公司挪用资金的问题；审计部门与被审计单位对审计结果存在异议，处理的原则是什么；等等。对于这些问题，您是如何思考的呢？

　　通过这个案例，我们可以看到，内部审计人员和被审计单位对同一问题的看法不同，站的角度也不同。我们若换位思考，站在对方的角度来思考问题，就可以理解双方的问题所在，再通过沟通协商取得一致意见。因为审计和业务经营的目的其实是一样的，都是为企业带来价值增值，都是希望企业规避风险、远离麻烦。希望通过本案例的分析讨论，审计人员可以提高审计沟通的能力，能换位思考，以积极的心态做好审计工作。

集体的"钱袋子"岂能
随意松开

干与时俱进的审计，做敢为人先的创新。

——周平

7.1
案例背景

2020年年底，F街道开展了各村党支部书记兼股份经济合作社董事长换届选举工作，F街道内审机构派出审计组，对4个村党支部书记兼股份经济合作社董事长的任期经济责任履行情况进行了审计。审计实施阶段即将结束，审计组发现A、B、C、D四村均存在出借村集体资金现象，但情况不一，具体如下。

A村为经济发达村，由三个自然村组成，2001年乡镇实施"撤、扩、并"前，Z自然村有350万元集体资金有偿出借给当地的一家民营企业。并村后，该资金归A村集体所有，为稳定Z自然村村民情绪，该资金未从民营企业及时收回。A村在未按规定执行民主决策程序的情况下，与该企业签订了借款协议。目前，双方签订的协议约定借款期限5年，月利率1%，按年付息，利息收入归A村集体所有。

B村为经济中等村，拥有土地征用补偿款闲置资金320万元，经社员代表大会讨论决定，出借给当地一家国有企业，年利率6%，按年付息，利息收入归村集体所有。

C村为经济中等村，年末收到上级下拨的水利项目补助资金200万元，尚未支付各项费用，暂留银行存款账上。村党支部书记私自将200万元村集体资金转入其个人的公司账户，用于公司年底银行转贷，使用7天，未支付利息。

D村为经济薄弱村，该村土地未被征用，村民未能享受失地农民养老保险政策。考虑到部分村民老弱病残、生活困难，为推动农村经济社会稳定发展，村党支部书记自行将村集体资金暂借给部分村民，金额为 1 000 元至 20 000 元，账龄为 3 年及以上，应收账款长期挂账。针对上述四种出借村集体资金的情况，审计组该如何评价定性？

7.2 讨论情景及专家点评

F街道所在的市农审中心了解到这一事件之后，组织了一次非正式的内部讨论会议，邀请了四位业内人士，分别为农审甲、农审乙、农审丙、农审丁，并非都是专家，围绕以下五个主题进行讨论。讨论的主要情景如下。

讨论主题 1
A、B、C、D 四村可以出借村集体资金吗?

农审甲：不可以出借。村集体资金属于集体所有，未经民主决策程序，不可以外借，否则构成《中华人民共和国刑法》中挪用资金的行为。《中华人民共和国刑法》第二百七十二条关于"挪用资金罪"是这样规定的："公司、企业或者其他单位的工作人员，利用职务上的便利，挪用本单位资金归个人使用或者借贷给他人，数额较大、超过三个月未还的，或者虽未超过三个月，但数额较大、进行营利活动的，或者进行非法活动的，处三年以下有期徒刑或者拘役。"

农审乙：我认为这个说法有失偏颇，要具体情况具体分析。A、B两村虽出借资金在3万元以上，符合数额较大且超过三个月未还，但其为有偿出借，利息收入归村集体所有，也是村集体创收的一种途径。C村的党支部书记擅自将村集体资金挪作己用，达到3万元以上、数额较大的标准，虽未对集体资金造成重大损失，但已涉嫌挪用资金。D村出借资金数额小，未达到"3 万元以上、数额较大"标准，且出借的根本目的是为群众排忧解难，最终构建和谐农村。所以我认为 A、B、D 三村的做法不构成挪用资金罪，可以出借资金。C 村的做法构成了挪用资金罪。上述情况应在审计工作底稿中充分翔实地反映，并将 C 村的党支部书记涉嫌违法犯罪线索移交纪检监察部门。

农审丙：不可以出借，村集体资金只能用于集体的事业发展，否则是违法行为。同时，出借资金风险巨大，存在损害村民利益的隐患。村集体经济组织当年可供分配的收益应按照以下顺序进行分配：提取公积公益金、提取福利费、向投资者分配、向村民分配、其他。村集体资金不能出借给企业或个人。

农审丁：我认为有偿出借是可以的。A、B 两村在没有寻找到更稳定、发展前景较好的投资项目之前，有偿出借给企业，以达到资产保值增值的效果，这个做法是可以的。D 村不应无偿出借资金给村民，造成应收账款长期挂账，不利于村集体资金的有效管理，应争取政策补助或鼓励企业捐赠等方法，保障困难群众基本生活。C 村的行为涉嫌违法犯罪，纪检监察部门应在进一步调查的基础上按照相关规定对相关责任人进行严肃处理。

专家点评

与会人员的观点不是很统一。对于是否可以出借村集体资金的看法，赞同和反对的观点都有。在没有良好的投资渠道的情况下，按规定履行民主决策程序，有偿出借村集体资金并收取一定的利息是可行的，但不能挪用归个人使用或借贷给他人，这是构成挪用资金的行为。

讨论主题 2
村集体出借资金是否应该进行民主决策程序？

农审甲： 出借资金需经村三委会集体讨论决定后向全体社员公布，无须经社员代表大会讨论。召集社员代表大会将耗费大量的人力与财力，一方面，大大增加了村干部日常工作量，另一方面，按照目前人均 50 元的工资来计算，一次社员代表大会要花费几千元，这对于本就不富裕的村来说无疑是雪上加霜。所以我认为从经济的角度出发，出借村集体资金经三委会讨论通过是必要的，无须经社员代表大会讨论通过。

农审乙： 我不同意甲的说法，我认为程序虽然复杂烦琐、费时耗资，但村集体资金的使用关乎村民切身利益，必须进行民主决策，保障信息公开透明。如果发生群体信访，既增加行政成本，又危害农村社会的稳定。《中华人民共和国村民委员会组织法》第二十四条明确规定，涉及村民利益的事项，经村民会议讨论决定方可办理。其中包括以借贷、租赁或者其他方式处分村集体财产这一事项。具体流程为：由社管会提出方案，经村三委会集体讨论同意后，通过召开会议、张榜公布等方式广泛征求意见，完善方案，并将完善后的方案送街道备案，然后提交社员代表大会讨论决定，形成书面决议，向全体社员公开。

农审丙： 出借资金是关乎村级集体经济发展规划和涉及社员利益的重大事项，必须经社员代表大会讨论决定，确保集体经济组织成员对集体资金运行情况有知情权、参与权、表达权和监督权，将公开、公正、公平原则贯穿于农村集体"三资"管理全过程。

农审丁：《X 市农村集体资金资产资源管理办法》文件规定："从源头上防止新的村级不良债权债务发生，严禁违规出借集体资金。"这里要强调的是"严禁违规出借"，什么是违规出借？就是未经村集体民主决策程序私自出借资金或无抵押担保标的出借资金等。A、C、D 三村做法均为违规出借，A 村出借资金未执行民主决策程序，应完善相关手续；C 村的党支部书记已涉嫌挪用资金，案件线索应移交纪检监察部门；D 村出借资金未经民主决策程序且应收账款长期挂账，应清查核实债务人、金额、形成原因、到期时间和审批人等，确实无法收回的款项，要明确责任，按照有关规定进行核销。

专家点评

关于村集体出借资金是否应进行民主决策，虽然有观点认为召集社员代表大会将耗费大量的人力与财力，但无论从遵守制度角度出发，还是从保障村民切身利益角度出发，都要求经社员代表大会讨论通过，确保集体经济组织成员对集体资金运行情况拥有知情权、参与权、表达权和监督权。

讨论主题 3
村集体出借资金的利率界定依据是什么？

农审甲：利率是一定时期内利息的数额同借贷资金本金的比率。利率分单利和复利，复利也称"利滚利"。利率当然是越高越好，单位时间内可赚取的利息越多，村集体收入就越高，村干部应尽量选择高利率的借款单位。

农审乙：不同意甲的观点。村集体资金是群众长期积累的共同财富，涉及群众的切身利益，出借资金利率不是越高越好，村干部应多方求证，选择信任可靠、风险较小、收益相对稳定的借款单位。

农审丙：村集体出借资金的利率种类与高低没有严格的规定，由借贷双方协商确定。确定的利率、借款期限、利息支付方式等应在借款合同中写明。

农审丁：村集体出借资金也是一种民间借贷行为，利率可以适当高于银行的利率，但不得超过中国人民银行公布的金融机构同期、同档次贷款利率的 4 倍。超过上述标准的，应界定为高利贷行为，法律不予保护。A、B 两村的出借利率均在法律保护的范围内，合情合理。

专家点评

大家讨论意见基本统一，都认为村集体出借资金的利率可以适当高于银行的利率，但不得超过中国人民银行公布的金融机构同期、同档次贷款利率的 4 倍。借贷双方应协商确定，确定的利率、借款期限、利息支付方式等应在借款合同中写明。

讨论主题 4
出借的资金形成坏账无法收回，应如何撰写审计评价和进行责任认定？

农审甲：经济责任审计评价应当根据审计查证或者认定的事实，在法定职权范围内，对被审计单位履行经济责任情况做出客观公正、实事求是的评价。我认为 A、D 两村未经民主决策程序出借资金，若出现坏账，村党支部书记兼股份经济合作社董事长应承担领导责任；B 村经过合理程序出借资金，若由于不可抗力因素出现坏账，村党支部书记兼股份经济合作社董事长也应承担领导责任；C 村若由于村党支部书记个人原因出现坏账，村党支部书记兼股份经济合作社董事长应承担直接责任。

农审乙：经济责任审计评价是对村干部任期内"功过是非"的"定论"。审计组对离任村干部做出科学、客观的审计评价是经济责任审计工作的重要环节之一，也是审计报告的重要组成部分。评价应遵循重要性原则、客观性原则和谨慎性原则。对审计发现的主要问题，审计人员应本着"权责对等"的基本原则，正确处理前任与现任、个人与集体、失误和舞弊等责任的界限，按照"谁决策谁负责""谁分管谁负责""谁签批谁负责""谁召集会议谁负责"等具体原则来区分和认定被审计单位的经济责任。

农审丙：审计评价不仅要专精深，又要接地气。相关责任人的责任认定主要分为两类：一类是未经民主决策、相关会议讨论，或虽经相关会议讨论但在多数人不同意的情况下直接决定、批准、组织实施重大经济事项，并造成重大经济损失浪费、集体资金流失等严重后果的行为，村党支部书记兼股份经济合作社董事长应负直接责任；另一类是主持相关会议讨论或者以其他方式研究，并且在多数人同意的情况下决定、批准、组织实施重大经济事项，由决策不当或者决策失误造成重大经济损失浪费、集体资金流失等严重后果的行为，村党支部书记兼股份经济合作社董事长应负领导责任。所以我认为 A、C、D 三村若出现坏账，村党支部书记兼股份经济合作社董事长应负直接责任，B 村若出现坏账，村党支部书记兼股份经济合作社董事长应负领导责任。

农审丁：经济责任审计评价应该实事求是，根据审计发现问题进行评价。同时，坚持责任追究原则。有关责任人员违反国家有关规定以及相关规章制度，未履行或者未正确履行职责，造成农村集体"三资"受损的，经调查核实和责任认定，应当追究其责任。村集体账务收支由股份经济合作社董事长实行审批，对于违规出借集体资金无法收回的问题，A、B、C、D 四村的党支部书记兼股份经济合作社董事长均应承担直接责任，其中 C 村的党支部书记的行为更是构成了违纪违法，需将其移交纪检监察部门处理。

专家点评

与会人员的观点有着惊人的相似，经济责任审计评价不仅要专精深，还要接地气，需要审计人员拥有专业过硬的业务能力，客观公正、实事求是地评价。对于未履行或者未正确履行职责，造成农村集体"三资"受损的，经调查核实和责任认定，应当追究责任人的责任，主要分为直接责任和领导责任。

讨论主题 5
如何提高村干部经济责任审计成果运用的层次和水平？

农审甲：我认为注重审计质量是关键。没有高质量的审计项目，审计成果的运用就成为空中楼阁。审计部门要加强审计质量管理和控制，全面提升经济责任审计质量；加强对审计信息的综合分析，提高审计报告的实用性，确保经济责任审计结果可信、可用、可靠。

农审乙：F 街道党工委、办事处要高度重视审计结果运用，将经济责任审计结果作为村干部考核、任免和奖惩的重要依据，要加强督促整改落实、警示谈话、问责及责任追究工作，建立健全经济责任审计情况通报、审计整改以及责任追究等审计结果运用制度。

农审丙：审计成果运用关系到审计职能是否得到充分发挥，关系到审计价值能否得到充分体现。我认为应"三措并举"，深化经济责任审计成果运用，努力做好审计"后半篇文章"。一是抓好整改落实，明确被审村的党支部书记兼股份经济合作社董事长是整改第一责任人，建立由街道主任牵头，纪工委、组织、农经、财政等相关职能部门参与的联合督促整改机制。二是强化建章立制，督促被审村以及街道相关职能部门出台一系列规章制度，保障村集体资金安全和规范财经纪律。三是严肃责任追究。健全审计整改问责机制，审计发现的重大违纪违法问题线索及时移送纪检监察部门。纪检监察部门在进一步调查的基础上按照相关规定对相关责任人进行严肃处理。

农审丁：经济责任审计的目标是揭示被审干部在履行经济责任中履职尽责情况及存在的问题，进一步提升财务管理水平，促进权力规范运行，促进反腐倡廉。我认为建立健全审计整改工作机制、监督问询工作机制等一系列长效机制是经济责任审计最恰当的成果运用。

专家点评

在讨论中我们可以看到，审计成果运用关系到审计职能是否得到充分发挥，关系到审计价值能否得到充分体现。对于提高审计成果运用的层次和水平，注重审计质量是关键，加强领导重视是抓手，推动整改落实、强化建章立制、严肃责任追究是举措。

7.3 延伸思考

　　这是关于出借村集体资金的审计问题，四个村均有该现象，但成因不同、表现形式不同，引发了一系列讨论，并由此延伸出如何提高审计成果运用的思考。其实需要讨论的问题还有不少，比如，村集体除出借资金外没有其他更好的创收渠道，是说明村干部思想保守、缺乏创新意识还是说明不作为、乱作为思想严重；我们现在开展的审计往往是事后审计，具有滞后性，无法及时发现与纠正被审计单位存在的问题，是否应增加审计力量将村干部任期经济责任审计也纳入常规工作，实现关口前移；等等。对于这些问题，您是如何思考的呢？

　　通过这个案例，我们可以看到审计人员的专业能力、审计项目的质量管理非常重要。希望通过本案例的分析讨论，审计人员可以得到一些启发。

良好收益岂能掩盖
违法事实

内部审计增加价值的过程，就是业审融合的
过程。

——徐荣华

8.1 / 案例背景

2020 年年底，A 镇各村开展了换届选举工作，A 镇财政管理办公室依法依规对卸任的 B 村党支部书记开展了经济责任审计。经过一个多月细致地审计，审计人员发现 B 村党支部书记在开展 B 村公墓工程的时候存在一连串的违规行为：一是在项目规划阶段未经民政局审批，公墓建造地块未经农业农村部、国土资源所等多部门联合勘察，导致 B 村公墓因占用林地被处以罚款 4 万余元；二是项目上马前跳过村民代表大会决议程序，部分村民对公墓工程具体情况不知情；三是该工程总造价在 100 万元以上，B 村违规跳过 A 镇招投标程序，自行发包给他人，导致 A 镇三资服务中心不让公墓工程款入村账而使其变成了账外账；四是公墓工程款无法入村账导致无法支付前期工程款，故 B 村党支部书记在没有任何手续的情况下直接向村民借用资金 60 万元，向村下属单位——居家养老服务中心借用专项资金 15 万元，用于支付公墓工程款，截至审计日已经归还。对于上述做法，B 村党支部书记均解释是为了节约成本、加快公墓建造进度，使收益最大化。

公墓建成后，由于公墓坐山面湖，位置条件相当优越，墓穴供不应求，其他乡镇的群众也争相前来购买，公墓一年的净利润超过 300 万元，而 B 村以往一年的经营收入不过 10 万元。且审计人员经过实地盘查公墓库存，结合公墓账本、收据等资料，没有发现 B 村公墓在销售阶段存在违法违规情况。

8.2
讨论情景及专家点评

A镇所在的市农审中心了解到这一事件之后，组织了一次非正式的内部讨论会议，邀请了四位业内人士，分别为农审甲、农审乙、农审丙、农审丁，并非都是专家，围绕以下五个主题进行讨论。讨论的主要情景如下。

讨论主题 1
村级工程是否必须经过村民代表大会讨论通过后方可实施？

农审甲：当然，《某市村级工程建设项目管理办法》明文规定村级工程建设项目的决策和审批，必须坚持民主集中制，由村三委会提出项目实施方案，提交村民代表会议讨论通过，形成书面决议后方可实施。

农审乙：我赞同甲的观点，村民对村集体的重大事项有表决以及民主监督管理的权利，跳过村民代表大会程序侵犯了村民的权利。而且众人拾柴火焰高，村民提出的意见可以为村班子拓展思路，更有利于该项目的落地和后续的良性发展。

农审丙：召开村民代表大会有这么多好处，为什么村干部要主张跳过？对于这个问题，我有一些拙见。我认为组织一场村民代表大会对各村而言损耗的精力、财力相对来说是比较大的。以我所了解的一个村为例，每个村平均有40个村民代表，按每次50元的工资计算，每一个工程都需要 2 000 元的额外成本，而各村每年都有十几个大大小小的工程。如果每次重大事项都要走这个程序，对一个不算富裕的村来说是一笔不小的开支。再加上村干部在每次开会前召集村民代表要损耗大量精力，这可能就是如今村干部不愿召开村民代表大会的原因。

农审丁：确实，丙的说法有一定道理。一些造价小的项目比如 1 万元左右的工程这么做还情有可原，但是此次 B 村公墓工程造价在 100 万元以上，如此大的项目仍然跳过村民代表大会程序就显得有些说不过去了。

专家点评

观点基本统一，多数人都认为不能剥夺村民的表决权。村民代表大会的召开影响着村的经济发展规划、基本建设投资计划、财务管理工作，有着极其重要的作用。而丙的说法也给大家拓宽了一个思路：换位思考，从村干部的视角去分析产生这种情况的原因。但无论如何，金额巨大的事项都应让村民知晓，通过村民代表大会表决后在村务公开栏中公示，接受群众监督。

讨论主题 2
如何评价开展村级工程跳过招投标程序的做法？

农审甲：我是坚定的"文件服从者"，《某市村级工程建设项目管理办法》第五条第二点明确指出，5 万元以上村级工程应当进入乡镇街道招投标分中心进行招投标。招投标程序是规范工程开展的指导性办法，对工程的顺利开展具有重要意义，同时也能大大减少廉政风险，让腐败行为无所遁形。B 村擅自跳过招投标程序是工程建设中严重的违规行为，必须严肃处理。

农审乙：经过对上个主题的讨论，丙的思路启发了我。各村为什么要跳过招投标程序呢？据我自己的审计经验，其主要是为了节省时间。招投标程序从成立招标工作小组到招标申请再到正式招标以及最后的资料归档,一共包含十几个步骤,所耗费的时间比直接发包要长很多,有些工程任务重、时间紧,各村不得不跳过招投标程序。

农审丙: 确实如乙所言,时间是一个很重要的因素。而近年来,各村基本都知道不招标是违规行为,为了绕过监管,采取拆分工程的形式,即将一个 5 万元以上工程拆分成两个或两个以上 5 万元以下工程的形式。如此一来,各村节省了审计费用、招投标费用等,成本方面也会下降不少。这就更助长了各村想要跳过招投标程序的风气。

农审丁: 我仔细分析了一下,其实三位同仁所讲的根本原因还是要归结到《某市村级工程建设项目管理办法》这个文件。这个文件出台于 2009 年,如今随着建筑成本的上涨,之前 5 万元就能完成的工程现在可能需要 7 万~8 万元,甚至更多。5 万元招投标的标准是否应该相应提高?比如说提高到 10 万元,这样就减少了许多需要招标的工程数量,节省了很多时间,也节约了很多招投标成本,让村干部把精力和金钱留在村里的重大工程上。但我还是认为,像 B 村公墓工程这样一个 100 万元以上的工程是一定需要招投标程序去规范的。

专家点评

文件规定应当随着时间的推移、社会经济的快速发展而有所变化,尤其是近十年,我国经济有了质的提升,GDP 总量已跃居世界第二。这让提高现行招投标 5 万元的标准成为一个值得考虑的做法。但与此同时,要完善法律法规,提高惩罚力度。对于村干部为了一己私利拆分工程而绕开招投标程序的行为,应当严肃追责;对工程金额巨大应当招投标的项目不招投标的,要追究相关人员责任。

讨论主题 3
如何定性此次事件？后续的审计整改怎么做？

农审甲：我认为 B 村党支部书记的做法违反了多个文件规定，存在公墓未经审批、重大事项民主决策程序不规范、工程管理不规范、违规借款甚至挪用专项资金等问题。然而现在公墓基本销售完毕，强令拆除公墓恢复林地原貌可能不现实。那么 B 村应当去民政局补齐公墓审批程序，做好土地林转非林手续，缴纳相关款项。对其余问题补齐资料的意义已经不大，只能在今后的重大事项管理上着手，规范工程管理制度，做到手续完备，防止此类事件的发生。对于 B 村党支部书记的处理，应当将相关审计线索提交给 A 镇纪委，由纪委调查是否存在利益问题后再行定夺。

农审乙：的确，此次事件的发生我认为 B 村党支部书记的问题最大，但凡有一点财务规范管理的意识，都不能犯下如此多的错误。对于后续的审计整改，我觉得需要召开村民代表大会，详细为村民解释公墓工程的具体情况，包括现在的收支情况，消除村民对公墓甚至村干部的疑虑，亡羊补牢，也未必晚啊。

农审丙：对于此事，我认为需要分情况看待。假如 B 村党支部书记确实是因为一己私利，想从公墓工程建设中以权谋私、中饱私囊，故意绕开上级部门、群众的监管，那确实应当给予他严重的党纪处分，必要时应当移送司法机关。但从目前掌握的情况看，至少在公墓销售时并未发现可疑之处。所以也可能只是因为 B 村党支部书记缺乏财务规范管理的意识，单纯想为村集体谋取利益，那么此时可能只需要用诚勉谈话的形式来处理。

农审丁：如丙所说，确实需要具体问题具体分析，但有一点不会错，B 村党支部书记需要规范其财务管理意识。为此，A 镇三资服务中心可以给村干部进行业务培训，通过规范的文件精神武装头脑，让其明白违规操作的危害性，杜绝此类事件的再次发生。

专家点评

　　大家都认为 B 村党支部书记的做法不当，虽然很难说他在公墓工程建设中是否存在利己行为，但至少他在财务规范管理的意识上有很大欠缺，才会造成上述一连串的问题。事情既然已经不可逆转，那么后续的审计整改则显得尤为重要，没有整改的审计，效果等于零。一项审计工作结束之后，相关负责人必须督促被审计单位认真执行审计决定，纠正存在的问题，追究有关人员的责任；要督促他们吸取教训，建章立制，堵塞漏洞，加强管理，从制度上预防违规问题的发生。对于此次事件，B 村应该做一些事后弥补工作，通过业务培训等形式来规范村干部的行为，防止这样的事情再次发生。

讨论主题 4
如何看待违规建造的公墓为村集体创收巨大？村级重大项目的开展是程序重要还是结果重要？

　　农审甲：那只能说明公墓工程本身是一个好的项目，如果按照规范程序一步一步地进行，去审批，召开村民代表大会讨论通过，去走招投标程序，让公墓工程能顺利入村账，也不用借用其他资金，完工后照样能有这么多的收益。那么从结果而言都是一样的。但按照文件的要求，按照正确程序进行，就可以减少一系列的麻烦，所以肯定是程序重要。

　　农审乙：这次我支持"文件服从者"，B 村党支部书记在此次公墓工程犯的错误完全可以避免，老老实实地走程序，按部就班地做工程，对自身没有一点害处，对村集体的贡献也一样大。要知道 B 村在合适的地点建造了公墓才是村集体创收巨大的原因，并不是违规的做法使村集体创收，因此，程序重要毋庸置疑。

　　农审丙：两位同仁忽略了一个细节，那就是 B 村公墓的建造地是一块林地，B 村还因此被罚款 4 万余元。倘若按照正常程序来建造公墓，很可能第一步审批就通不过。正因为 B 村党支部书记这种不计后果的做法才为 B 村创收 300 余万元，相当于 B 村三十年的经营收入。所以我认为程序有时候反而是束缚，一个真正有利于村集体的成果才是最重要的，所以肯定是结果比程序重要。

农审丁：占用大量林地去建造公墓本身就是不对的做法。"绿水青山就是金山银山"，而现在 B 村党支部书记的做法变成了绿水青山换金山银山。程序存在的意义就是防止出现不惜代价、让经济粗放增长的模式，绿色增长才是出路。那些经济薄弱村是需要金山银山，但不能只要金山银山，否则会出现反噬的情况。所以我认为程序比结果重要。

专家点评

对于这个主题，多数人认为程序的重要性大于结果。任何人都应该要遵守法律法规，遵守规章制度，按程序办事。村干部在开展村级重大项目、为村发展做贡献的时候要按程序来，审计人员何尝不是按照程序来判定被审计单位是否违规呢？ B 村创收的局面固然可喜，严格按照程序来可能没有这么多的收益，但也绝对不会有这么多的负面影响。

讨论主题 5
这次事件对审计人员有什么启示？

农审甲：每次我做农村审计项目时都感到很可惜，其实很多问题都是能够避免的。但很多村干部的思想意识还停留在很早之前的阶段，没有及时学习新规定，掌握新方法，肆意妄为，最后造成了很被动的局面。我们审计人员一定要加强引导，让村干部知道财务规范管理的重要性。

农审乙：我为审计人员没能及早发现村里的问题而感到难过。我从事农村审计最大的感受就是我们都是在做事后弥补工作，没法及时发现村里的重大问题。我想倘若此次审计是在 B 村党支部书记任期中间进行的，是不是有可能避免出现这样的情形呢？

农审丙：有很大的可能。审计按审计实施时间相对于被审单位经济业务发生时间的前后分类，可分为事前审计、事中审计和事后审计，此次事件是典型的事后审计。事后审计的目标是监督经济活动的合法合规性，但没法及时发现被审计单位的问题，有一定的滞后性。我也认为对村干部的经济责任审计不该只在事后进行，应当穿插在事中进行，这样才能及时发现问题、解决问题。

农审丁：确实，审计是门大学问。什么时候去审计、怎么去审计、审计建议怎么提、审计整改怎么做都是很有讲究的事情。在审计的任何阶段都能掌握好的方法、有好的思路，审计才能发挥它的最大用处。

专家点评

　　为了及时发现并解决问题，审计人员提出了在经济责任审计时用事中审计来取代事后审计的做法。但任何一种审计方法有其优点也必然有其缺点，事中审计发现问题早但不够全面，无法对村干部在任期内的工作做出全面的评价，事后审计则恰恰相反。审计方法只是一种手段，审计人员应该扬长避短，参考多种方法，最终为审计结果服务。

8.3 / 延伸思考

上述案例是对经济责任审计中由于村干部一系列违规操作开展工程项目而引起的一系列问题的讨论，并以此引申出一些对审计本身的思考。其实在上述案例中还有很多能够引起讨论的主题。比如村集体能否借用村民资金开展工程项目，利息如何规定；尽管居家养老服务中心属于村下属单位，但 B 村借用其专项资金支付公墓工程款是否涉嫌挪用公款等。

通过以上案例的分析讨论，我们可以看到村组织遵守规则、按程序办事的重要性，希望各位审计同仁可以从中得到一些启发。

农村工程"唐僧肉"，
内部审计"护真经"

没有人为你负责，除了你自己，而你唯一的资本就是知识。

——德鲁克

9.1 案例背景

　　按照"三年一轮审"的要求和年度审计计划，审计组对 A 镇 B 村近三年的财务收支情况进行了全面审计。通过审前调查，审计组了解到，B 村是依山傍水的一个小山村，也是一个经济薄弱村，年均经营性收入不足 10 万元。但是 B 村在 A 镇甚至全县也颇有名气，拥有"新农村建设示范村"和"环境整治提升村"等一系列头衔，近三年上级各类补助达 1 000 多万元，工程支出近 800 万元。因此，审计组将村级工程建设情况作为本次审计的重中之重。审计人员发现 70 余万元的登山步道工程未公开招投标，由村自建，村里建立事中监督管理机制，成立了工程管理小组，由 2 位同志负责采购，由 2 位同志负责日常监管工作，相互牵制，相互监督；道路硬化工程施工过程偷工减料，其中块石未铺设，但决算中却包含该笔费用 25 万元，且工程款已全额付清；为争取上级补助资金，村级办公楼工程虚假预决算 100 多万元（实际按 80 多万元支付工程款）。这一系列工程管理中的问题，引发了讨论。

9.2
讨论情景及专家点评

当地内部审计协会了解到相关情况,为了协助审计组解决争议的问题,发挥内部审计协会咨询服务的功能,及时召开了审计人员与村镇干部之间的讨论会,专门讨论工程建设如何处理合规管理的问题。会议邀请了审计员杨女士、村干部甲、审计员陈先生、村干部乙、镇工作人员丁,围绕以下五个主题进行讨论。讨论的主要情形如下。

讨论主题 1
工程未招标谁之过?

审计员杨女士: B 村登山步道工程 70 多万元,由村自建,未按规定进行公开招投标,应追究村干部责任。

村干部甲: 登山步道工程不是我们不想招投标,实在是招标成本太高,当时中介公司也测算过,要 100 多万元,实际我们只用了 70 多万元,节约近 30 万元。这个工程不招投标不是我们几个干部决定的,村里召开了村民代表大会,一致同意不招标,由村里自建。

审计员陈先生: 没有规矩不成方圆,既然制度规定 10 万元以上的工程需要进行公开招投标,不是经村民代表大会讨论就可以选择由村自建,民主决策程序必须合法合规。节约成本不是违规的借口,责任必须由村干部负责。

　　村干部乙：上级制度规定我们也知道，但是我们也是根据村里实际情况处理的。虽然这个工程有上级补助资金，但是需要村里出一部分资金。村里本来就没钱，是经济薄弱村，能省则省一点，而且这个工程时间又比较紧，一套程序走下来，少说也要半个月。而且工程自建，村民就可以做小工，提高了村民收入，一举多得。

　　镇工作人员丁：虽然这个工程未按规定进行公开招投标，但事前进行了重大事项民主决策程序，事中落实了相互监督机制，最后也确实为村里节约了很多资金，而且招标的工程未必比未招标的工程好。所以这虽然不合规，但情有可原，可以批评，不必追责。

<hr>

专家点评

　　对于工程未招标的问题，有的与会人员认为招标是一个流程，要看做法的实际效果是否节约资金和成本。有的与会人员认为要遵照制度执行，做任何事都需要合规。根据招投标管理制度规定，超过 10 万元的农村工程都需要经过招投标流程，不经过招投标就是违规甚至违法，实施工程的单位要负起不遵守制度之责。

<hr>

讨论主题 2
村级工程建设如何能够保证施工质量?

　　审计员杨女士：村级工程建设要有一套严格的程序，从立项、招标、变更、验收及决算，每一环节都要严格控制，规范操作。虽然此案例中，村干部确实为村集体考虑，节约成本，但是工程的质量如何保证? 施工过程中的意外如何预防? 不能说招标的工程一定比未招标的工程管理更有效、更不容易出问题，但是至少更有保障。

　　村干部甲：其实登山步道工程整个过程都进行了严格管理，成立了工程管理小组，由 2 位同志负责采购，由 2 位同志负责日常监管工作，相互牵制，相互监督，最后只用了 70 多万元，确确实实为村集体节约了资金。

审计员陈先生：要想保证工程质量首先要建立制度，并遵照执行。审计也是从审查制度是否建立健全、执行是否有效入手，来监督工程是否按照流程做了、有没有及时进行过程管理和监督。超过镇、村投资的限额 10 万元的工程，必须按照制度进行公开招投标，如果无视制度的严肃性与权威性，那么如何来保证工程的质量呢？

村干部乙：工程质量不是靠简单的流程就能保证的，需要人来控制。这个项目，村里也采取了相应的措施，比如双人进行采购，双人进行监督等。

镇工作人员丁：根据招投标法和工程质量管理的规定，村级工程质量保证需要建立相关的制度和流程，寻找具有良好资质的施工单位，所有的操作必须按照相应的制度和规范进行。招投标就是质量控制的一个重要措施。

专家点评

这个问题的观点比较统一，要想保证农村工程的质量，必须有一套完整的招投标、施工、监督等制度，并且要认真执行。村民也可以发挥自治的作用，提高监督的力度，保证工程质量。

讨论主题 3
工程偷工减料谁之责？

审计员杨女士：村内道路硬化工程支出 140 多万元，该工程经公开招投标，由 C 公司中标承建，实际由村民王某负责施工，但在施工过程中，偷工减料，未铺设块石底层，涉案金额 25 万元，工程款已全额支付。这造成村集体重大经济损失，村主职干部监督不力，应对其追责。

村干部甲：村内道路硬化工程是按规定进行公开招投标的，工程虽未邀请监理单位，但由村（社）监会主任监督的工程预决算也都是有资质的中介机构做的。至于是否铺设块石事项，我们是不知情的，虽然我们在决算书上签了字，但是看不懂具体内容，不是我个人原因，应该不用承担责任吧！

审计员陈先生：村级主要干部对村级事务都负有监管责任，特别是工程建设等重大事项，更应该加强监管。虽然此案例中工程进行了公开招投标，施工过程中有监理进行管理，竣工后又有中介公司进行决算审核，表面看似非常规范，但还是造成村集体重大经济损失。按照村干部廉洁履职的要求，村干部就有不可推卸的责任，应当追责，不是不知者无罪。

村干部乙：对于农村工程建设，我们一般是通过招投标进行，请监理公司作为中介进行工程质量监督。所以，我认为村道路没有铺设块石应由中介公司负责，否则请中介公司有什么意义。

镇工作人员丁：根据工程质量监督的要求，中介机构开展对工程质量的监督，负有监督的责任。但是这并不减轻施工单位和业主方的责任。所以，村里对工程施工过程是否铺设块石事项负主要责任，对于造成的损失和浪费，要对村里相关人员进行追责。

专家点评

这个问题是工程质量追责的问题，讨论中有两方面的意见：一方面是村集体为了监督工程质量，请了中介机构进行监督，中介机构要负责任；另一方面是虽然请了中介机构，但是工程质量最终要由施工委托方负责，村里需要负责任。根据监理方面的制度规定，中介对于工程质量是需要负监督责任，但是业主方也需要承担最终责任，不能因有中介监理而减轻业主方的责任。

讨论主题 4
如何看待虚增决算数字，换取上级补贴？

村干部甲： 村办公楼工程实际支出 80 多万元，而预决算算到 100 多万元，是有原因的，我们不是想从村集体捞钱，如果真要捞钱，按 100 多万的决算价付款，你们审计未必会发现，我们是为了村集体。

这个工程项目虽然上级是有补助的，但村集体需要出一部分资金，工程造价高一点，补助就多一点，为了争取更多的上级补助资金，所以把工程的预决算做得高一点，要说有私心，也是一心一意为村集体的一片心。

审计员杨女士： 我个人认为虚假预决算书这个问题，村里是有责任的。虽然若按决算支付工程款 100 多万元，审计未必能发现这个问题，但是，利用虚假的预决算书骗取上级单位的补贴，本身就不是合法的。这样做只考虑小团体利益，而不考虑集体利益也是不可取的。

村干部乙： 主观上多做预算是为了村里面多争取一些上级补贴，是为了村里的利益，而不是为个人利益。另外，社会上存在多报预算争取补贴的做法和现象。可能上级部门也知道，所以审计人员是否也没必要那么认真。

审计员陈先生： 村办公楼工程实际支出 80 多万元，但预决算书上都是 100 多万元，虽没有造成村集体实质损失，但是主观上却存在重大问题，无视法律，虽然一心为公，但是却损害了国家这个大集体的利益。人家是舍小家为大家，而此案例中的村干部却舍大家为小家，如果按 100 多万元支付工程款，那么就是违法的事情，也不仅是追责的问题了，村干部该庆幸没有造成村集体的损失，但是追责必不可免。

镇工作人员丁： 我个人认为虚假决算书问题更严重。招投标问题只是违规问题，工程偷工减料只是村干部监管不力。而虚假决算书出发点虽然是为村集体争取上级补助资金，实际是骗取财政资金，是违法问题，所以更严重。

专家点评

从讨论中可以知道，预算和决算与实际结算不一致，是不合理合法的。虽然讨论中村干部提出没有中饱私囊，而是为了多争取补贴，但是他们忽视了工作要实事求是的精神，用不正当手段骗取补贴。

讨论主题 5
农村工程建设如何才能合规？如何才能更接地气？

审计员杨女士：对于农村工程建设，镇政府应该出台相应的政策和规定，统一由镇招标办公室进行招标，减少不必要的环节，降低招投标费用，压缩招投标的时间，统一聘请有经验的监理机构，严格控制工程质量。同时，镇政府应广泛发动村民自治，积极参与农村工程的监督工作，协助监理机构做好工程质量把关工作。

村干部甲：我也同意由镇政府统一管理农村工程建设，这样能够精简流程和保证质量，我们村也会按照制度和流程进行工作。另外，我建议补贴资金根据村里的经济状况进行安排，这样可以减少很多违规操作。

审计员陈先生：农村工程建设本来就是一个复杂的工作，如果能够由镇政府统一安排，可以产生规模效益，节约招投标的成本，同时还能保证工作质量，比单纯的制定一个制度，要求各个村集体自己执行要好。这有利于标准统一，也有利于相互比较和监督，工程质量也会有可靠的保障。

村干部乙：农村工程建设需要有一套属于农村自己的工程管理的制度和流程。制定者要充分考虑农村的特点，不要照搬现有的法律和制度。镇政府应该负责制度的出台，并且给予指导。

镇工作人员丁：镇政府可以根据国家法律和制度，在充分考虑农村特点的基础上，出台简便易行的管理制度，可以考虑统一招投标来解决各个村招标费用大的问题。在资金安排上，我建议上级根据各个村的不同情况分类进行补贴，杜绝经济薄弱村为多争取补贴资金动歪脑筋的现象。

专家点评

本问题讨论意见比较统一，与会人员认为需要建立一套具有农村特色的工程管理制度和流程，采取统一招投标方式降低成本，统一监理，保证工程质量。相关部门应区分不同的农村经济状况制定农村工程补贴标准，杜绝违规事情的发生。

9.3 延伸思考

　　村级工程建设历来是村级财务管理的重点及难点，上述的案例只不过是村级工程管理问题中的冰山一角，村级工程管理中存在的问题不容忽视。比如招投标问题，村干部寻找各种理由，采取不同手法，来规避招投标，致使工程没有系统的管理，缺乏保障。这种情况如何进行处理和避免呢？还有就是挂靠投标问题屡见不鲜。虽然部分工程按规定进行公开投标，但是实际是由其他村民施工，公司出具证明由其全权代表，工程质量难以保证，工程管理较难，出了问题追责也难。甚至有部分工程表面被外部公司承包，实际由本村村干部负责施工，这种现象如何进行处理呢？再有就是工程监管难以到位。部分村（社）不邀请监理单位进行监督，美其名曰为村集体节约资金，可是由村干部监督，因其复杂的人情关系网，很多监督会形同虚设，预算单位甚至编制不合理的工程量预算，使施工单位利用这个漏洞，虚列工程量。同时，决算单位很多都与预算单位为同一单位，且在未勘查实地的情况下，弄虚作假、偷工减料等问题均无法发现。这样草率编制决算书，会造成村集体经济损失。这种情况下，如何选任监督机构呢？

　　当然，类似的问题还有很多。对于如何破解这些难点，执行者、管理者、监督者要深入思考，在制度设计层面要因地制宜、与时俱进，将一些合情合理的建议纳入制度，使之合法合规；同时要加强执行力度，各部门要齐抓共管，严防死守，对违反制度、监督不力、乱作为和不作为的，要加强惩处力度，让制度"长牙"，让纪律"带电"，充分发挥制度建设标本兼治的作用。

"三顾茅庐"遭遇"罗生门"

会做会写会说是内审人员的基本功底。

——荣欣

10.1

案例背景

　　根据年度经济责任审计计划安排，A 局审计处抽调人员组成审计组，于 2020 年 3 月 1 日起对该局下属事业单位 W 中心主任王某开展任期经济责任审计（2018 年 1 月至 2019 年 12 月）。借助大数据分析，审计组发现 W 中心在公务支出公款消费管理方面存在较多漏洞。审计人员将此作为审计重点，对 2018 年 1 月以来所有的"三公"经费、会议费和培训费进行逐一核查。在紧张的核查过程中，三张大额会议费报销发票引起审计人员的关注。三笔会议费支出金额合计 30 万元，收款单位均为 D 酒店，开票时间分别为 2018 年 12 月、2019 年 1 月、2019 年 2 月，且为连号餐饮发票。令审计人员疑惑的是，报销凭据后并未见审批表、参会人员签到表、会议通知及消费明细单据等资料。审计人员第一时间找到财务人员张某。张某解释道，这三张发票是办公室主任李某拿来报销的，时间大概是 2019 年春节前后某一天，具体记不太清了。当时李某告诉他这些费用主要用于接待上级检查，平时在该酒店挂账，只有少数人知情。李某说临近年关结账，酒店催得紧，相关手续和资料正在补办之中，能不能先特事特办。张某当时看了看这三张连号发票，发现六要素齐全，字迹工整，并且还有财务印章和李某、王某的签名，表面上看不出太大问题，碍于情面只好先给他报销，但一再提醒他事后要把相关资料送来。因为年底事务繁忙，加上时间一长，这件事情就耽搁下来了。审计人员又找到办公室主任李某了解，情况基本与张某描述一致，但问到报销资料为什么不全时，李某先是推说不知道，随后选择了沉默。审计组经过讨论，认为如此大额的会议费支出十分可疑，一定要抓紧时机，快速查证。审计组决定兵分两路，一组找 W 中心主任王某了解情况，另一组马不停蹄地对 D 酒店进行延伸审计调查。王某的态度暧昧，一会儿推说时间久远记不清了，一会儿说是李某具体操办的，他不太清楚，虽然谈话内容及过程无进展，但整个过程他总是避重就轻，眼睛始终没有正视审计人员，更让人感觉他心中有"鬼"。另一组人员到达 D 酒店后，酒店说财务人员在外出差，让审计人员等两天再来。两天后，审计人员如约而至，酒店又说审计人员没有权力查他们的账，除非能提供司法机关的证明文件。审计组通过电话联系当事人王某，让其与 D 酒店沟通，但酒店方始终以该理由不愿配合，并设置种种障碍阻挠审计。审计组第三次赶赴 D 酒店，找财务人员和餐厅经理座谈，由于无法提供相关司法证明材料，双方话不投机，不欢而散。至此，外围调查找不到突破口，审计工作陷入了僵局。

鉴于 D 酒店拒不配合审计工作，且现有的资料无法反映会议费真实去向，利用审计手段在短时间内已很难查清真相，审计组向 A 局主要领导进行了汇报，并按程序将线索移送纪检部门调查。根据审计提供的线索，纪检部门最终查清了王某以会议费名义套取财政资金设立"小金库"的违法事实。王某因违反中央八项规定精神及其他国家法律法规受到开除党籍处分，司法机关正依法追究其刑事责任，其余人员正在调查处理中，违纪报销的 30 万元费用全额追回上缴国库。

10.2
讨论情景及专家点评

为进一步总结经验教训，同时为破解内部审计外围调查的难题，A局审计处专门组织了一次非正式内部讨论会议，邀请四位业内人士（以下简称甲、乙、丙、丁），围绕以下五个主题进行讨论。

讨论主题 1
内部审计有没有外围调查的权限？

甲： 内部审计的前提是"内部"，既然是组织内部进行的审计，个人认为没有对外调查的权限。

乙： 内部审计与外部审计一样，都有延伸审计相关单位和个人的权限，这个延伸审计当然包括对外部单位的调查。因此，内部审计也有外围调查的权限。

丙： 内部审计有没有外围调查的权限，主要看相关法律法规和规章制度有没有明确。现在强调依法审计，内部审计也必须在法治框架下进行。

丁： 世界上的万物都不能孤立存在，每一事物都和周围的某些事物存在一定的联系。内部审计主要是对内提供服务，但它又不是封闭运行和独立存在的，同样与外部经济活动息息相关。需要一定的外围调查权，如预算、采购、合同、基建等审计活动必须有外部单位配合和支持才能完成。这一切决定了内部审计审查的范围广泛。

专家点评

　　四位观点并不统一，但审计准则和审计署文件的意见是统一的。根据《第 2103 号内部审计具体准则——审计证据》第八条的规定，内部审计人员向有关单位和个人获取审计证据时，可以采用调查的方法；以及《审计署关于内部审计工作的规定》第十三条的规定，内部审计机构或者履行内部审计职责的内设机构应有就审计事项中的有关问题，向有关单位和个人开展调查和询问，取得相关证明材料的权限，这里有关单位是指与审计相关的内部和外部单位，内部审计人员拥有外围调查的权限。

讨论主题 2
内部审计外围调查遭遇不配合怎么办？

　　甲：对外部单位来说，审计工作就是"挑刺"和"找麻烦"，因此会对审计人员抱有戒备心，对审计调查的不配合也是人之常情，可以理解。遇到这种情况需要审计人员进行认真的沟通，讲明利害，让被审计单位放下包袱，积极配合。

　　乙：外围调查之所以遭遇不配合，主要原因有两个：一是缺乏必要的、及时的信息沟通，二是各自的价值观和利益观不一致。对此，审计人员还是要加强沟通和协调，妥善化解双方的冲突。

　　丙：现行的法律法规和审计准则并未对内部审计人员采用调查方法获取审计证据的职责、程序、流程等作出明确的规定，也缺乏配套的审计操作指南。因此，在强调提升审计人员人际处理能力的同时，制度建设必须跟进。

　　丁：内部审计工作离不开外部单位的理解、支持和配合，上述案例中审计人员"三顾茅庐"仍然没有获取所需的证据材料，这说明调查方向不对，审计组应暂时回避，向适当管理层报告后再做出下一步决定。

专家点评

外围调查遭遇不配合是困扰一线审计人员的普遍性难题，实践中往往没有标准的应对方法，这个案例主要考验审计人员的应急处理能力。根据《第2305号内部审计具体准则——人际关系》第十四条规定，内部审计人员应当及时、妥善化解人际冲突，可以采用的方法主要包括：（1）暂时回避，寻找适当的时机再进行协调；（2）说服、劝导；（3）适当的妥协；（4）互相协作；（5）向适当管理层报告，寻求协调；（6）其他。审计人员在与D酒店沟通协商无果的情况下，应积极、主动向组织管理层报告，寻求理解和支持。

讨论主题 3
内部审计如何与外部单位和人员建立良好的人际关系？

甲：内部审计主要服务对象是组织内部的机构和人员，至于外部单位平时接触其实并不多，因此，只要与他们保持一般工作关系就行了，没有必要投入太多的时间和精力去建立良好的人际关系。

乙：由于双方的文化、需求和价值取向不同，内部审计与外部单位难免会有矛盾、有分歧，有的时候甚至比较尖锐，关键是如何对待。只要大家相互尊重、平等相待，以对话解决争端、以协商化解分歧，那么保持良好关系的目标是有可能实现的。

丙：中央八项规定出台以来，各级政府带头过紧日子，从严控制支出，特别是严格压缩"三公"经费支出，对部分以公务消费收入为主要来源的接待培训场所来说，短期影响可能较大。上述案例中，D酒店之所以对于审计调查有强烈的抵触情绪主要是担心企业的形象和效益受到影响。但从长远来看，中央八项规定有利于使消费市场回归理性，有利于企业实现健康可持续发展。因此，加大思想教育和舆论引导力度、提高思想认识、增进双方的共识，这才是建立良好人际关系的前提和基础。

丁： 内部审计内向天然属性决定了其主要对内向组织管理层提供服务，因此，与外部单位的沟通不像与内部单位那样简便和畅通。内部审计人员应当在遵循有关法律法规的情况下灵活、妥善地处理与外部单位的关系。

专家点评

马克思主义认为，人的本质是一切社会关系的总和。从社会学的角度来看，内部审计职业是社会分工和协作的产物。良好的人际关系不仅有助于提高工作效率，而且有助于保证审计意见和建议得到有效落实，从而促进内部审计目标顺利实现。如何与外部单位和人员建立良好的人际关系是一个永恒考题，没有标准答案。内部审计人员除了主动、及时、有效地进行沟通，还要冷静、果断、智慧地处理，才能答好特殊"考题"，交出"高分答卷"。

讨论主题 4
组织适当管理层如何处理内部审计人员报告的舞弊问题？

甲： 任何一种舞弊行为都会使组织利益遭受不当损害。管理层对于审计人员发现的舞弊行为态度必须明朗，绝不能放纵不管，要在查实的基础上严格按规定进行处理。

乙： 理解和支持内部审计工作是适当管理层的重要职责。适当管理层应充分履行职责，特别是日常工作中应保持有效的沟通，随时了解审计工作的进展情况。

丙： 对于审计人员报告的舞弊行为，适当管理层在做好保密工作的同时，应要求审计人员坚持实事求是原则，依法依规迅速查清事实，做到事实清楚、证据确凿、程序合规。

丁： 舞弊案件的发生，除了当事人财经纪律意识淡薄的因素，内部控制缺失和监督检查不到位也是重要原因之一。适当管理层应对舞弊行为的发生承担相应的管理责任，对舞弊问题认真处理，深挖根源，堵塞漏洞。

专家点评

四位的意见比较统一。《审计署关于内部审计工作的规定》第十四条规定："单位党组织、董事会（或者主要负责人）应当定期听取内部审计工作汇报，加强对内部审计工作规划、年度审计计划、审计质量控制、问题整改和队伍建设等重要事项的管理。"支持和配合内部审计工作是组织适当管理层法定的职责和义务。对于上述案例反映的舞弊问题，适当管理层应当对内部审计提出的检查结论、意见建议进行研究讨论，提出下一步的工作措施，并从舞弊行为的性质和金额两方面考虑其严重程度，视情况向最高管理层报告。

讨论主题 5
内部审计人员确信舞弊已经发生时，能不能直接向司法机关举报或移送？

甲：从舞弊行为的发生到违法违纪线索的移送，必须履行严格的程序和手续，这些程序和手续决定了内部审计人员不能直接向司法机关举报或移送舞弊信息。

乙：内部审计人员应当对实施内部审计业务所获取的信息保密，所以直接向司法机关举报或移送舞弊信息是违背内部审计人员职业道德的。

丙：舞弊报告是一个逐级审核和报批的过程。内部审计人员发现舞弊行为后，应当及时向组织适当管理层报告，由管理层来决定是否向司法机关举报或移送。

丁：舞弊检查中一旦发现有领导干部内外勾结、徇私枉法的线索，为了防止打草惊蛇，个人认为是可以直接向司法机关举报或移送的。

专家点评

《第 1201 号——内部审计人员职业道德规范》第十八条规定："内部
审计人员应当对实施内部审计业务所获取的信息保密，非因有效授权、法律
规定或其他合法事由不得披露。"由此可见，内部审计人员对于信息对外披
露有严格的程序规定。根据《第 2204 号内部审计具体准则——对舞弊行为
进行检查和报告》第十七条的规定，在舞弊检查过程中，发现犯罪线索，并
获得了应当移送司法机关处理证据时，内部审计人员应当及时向组织适当管
理层报告。上述案例中，内部审计人员确信舞弊已经发生时，不能直接移送
司法机关处理，应当向组织适当管理层报告，由适当管理层来决定是否移送
司法机关处理。

10.3
延伸思考

　　这是根据审计人员外围取证故事改编的案例，除了上述讨论的五个主题，此案例其实还引发很多的思考和启示。比如审计组让当事人王某与酒店接触的方式方法是否妥当，他会不会提前透露调查意图，进一步加剧人际关系冲突。审计取证遭遇"罗生门"的根本原因在于内部审计与外部单位存在利益冲突。按照博弈论的观点，不同的利益冲突决定了"囚徒困境"无法避免。如果大家都选择合作，就能走出"囚徒困境"，但如果大家都选择对抗，就会陷入困境不能脱身。现实审计工作中不存在单一的合作和对抗状态，往往是以局部合作和对抗为主。审计人员需要思考纪检部门为什么能摆脱"囚徒困境"，迅速查清违法违纪事实；相关的技术与方法对审计取证工作有何借鉴意义；等等。对广大审计人员来说，如何针对不同的对象和不同的情况，依法获取可靠和充分的审计证据，是今后必须思考的重要问题之一。

"三堂会审"下的
"老实人"现形记

内部审计要经常抓"虫子"，不能捅娄子，
善于出点子。

——葛绍丰

11.1
案例背景

　　B分局为某市A局下设正科级行政单位，主要负责全区各类劳动技能和职业教育培训等业务，实行收支两条线，按照规定收取相关费用，收入全额上缴区财政。根据年度审计工作安排，2020年5月19日，A局审计处安排审计组对B分局2019年度财务收支情况进行例行审计巡查。审计人员在审前调查了解到，该局近五年来先后接受过区审计局组织的领导干部经济责任审计和某会计师事务所的审计，均未发现重大违法违纪问题。该单位配备财务人员2名，其中出纳张某自2000年以来一直任职该岗位，据同事反映，张某为人低调老实，业务精通，工作兢兢业业，经常夜间在单位加班加点。会计王某2018年年初由办公室内勤人员转岗而来，之前没有财务从业经历，工作中大多听从张某的意见。审计组成员一致认为国家审计和社会审计均未发现重大违法违纪问题，至少从侧面说明该单位的内部控制制度相对健全，这次例行审计是"三堂会审"（此处指国家审计、社会审计和内部审计），为提高工作效率，可以缩小实质性测试范围。但审计人员通过进一步的内部控制测试发现，财务岗位之间缺少相互牵制，存在一人多岗情况，如出纳张某还负责银行对账和领取银行对账单。货币资金相关票据管理也存在漏洞，如支票和印鉴使用未经恰当授权，使用情况未登记留底等。根据上述情况，审计组认为有必要调整审计思路，决定还是以货币资金控制风险关联度较高的业务为重点开展审计巡查。审计人员兵分两路，一组人员实地走访开户银行，调取银行对账单，另一组人员负责对 2019 年度相关账面资料进行审查。

审计人员在抽查 2019 年 10 月银行对账单时发现，B 分局基建户 2019 年 10 月 8 日发生过一笔 10 万元代发工资转账支出，但张某提供的 2019 年 10 月银行对账单却无对应记录。审计人员将两张对账单进行仔细比对，发现张某提供的对账单银行业务印章有明显涂改痕迹，后经银行人员指认，系伪造拼凑而成。出于职业敏感，审计人员将转账支票及代发工资清单上多个签名与其他报销发票上的签字进行比对，发现所有笔迹与张某字迹极为相似。于是，审计人员通过电话联系抽查工资清单上员工，被抽查的人员均称未收到过该笔工资。审计组决定继续扩大审查范围，逐月核对货币资金收支，结果令人吃惊：自 2019 年 10 月至 2020 年 4 月，每月均发生一笔相同金额 10 万元的转账业务，合计金额 60 万元，这些钱最终被转至张某女儿储蓄账户后提现。审计组经过分析，初步认定出纳张某存在挪用公款嫌疑。

在掌握了外围相关情况后，审计组正式约谈张某。一开始他说话躲躲闪闪，避重就轻，当审计人员讲清查出的事实和证据，并说清此事性质后，张某彻底坦白了挪用公款 60 万元的违法事实。张某承认，他自 2017 年年初起就迷上了网络赌球，一开始投注也不大，后来却越赌越输，越陷越深。为归还欠款，他以购买支票、银行账户更换印鉴等名义借用会计王某保管的财务章、法人章，私自在空白转账支票上加盖印鉴，并以代发工资名义从基建户挪用公款共计 60 万元。为了掩盖犯罪事实，他一方面以夜间加班名义躲避监管连续作案，另一方面利用负责银行对账的便利，不但将真银行对账单藏起来，而且根据真实银行对账单上显示的信息伪造银行对账单，并加盖假银行印鉴以应付上级检查。由于有关部门审计人员的麻痹大意，在前两次的审计中他均蒙混过关。

经过一个多月的全力奋战，一起重大货币资金舞弊案件浮出水面。在内部审计人员的深入查证下，张某这个"老实人"无处藏身，最终受到了相应的法律制裁，相关领导和责任人员也受到不同程度的党政纪处分。

11.2
讨论情景及专家点评

为进一步总结经验教训，提升内部审计质量，A 局审计处专门组织了一次非正式内部讨论会议，邀请四位业内人士（以下简称甲、乙、丙、丁），围绕以下五个主题进行讨论。

讨论主题 1
为什么经历过国家审计和社会审计这两次重大审计，内部审计仍然发现重大舞弊行为？

甲：由于国家审计、社会审计与内部审计的关注角度不一样，运用的审计技术和方法各不相同，所取得的审计结果当然也会不同。

乙：国家审计、社会审计未发现重大违法违纪问题，并不代表该单位就没问题。如果该单位存在问题，内部审计人员通过严格执行审计程序和准则的要求来开展工作，还是能够发现问题的。

丙：内部审计人员大多对本单位或系统内的被审计单位的各项业务比较熟悉，对各种操作规则都有所了解，这是内审工作的天然优势。内部审计人员可以充分利用这种天然优势，有效弥补外部审计的不足。2002 年美国世界通信公司财务舞弊案就是以辛西娅·库珀为代表的三位内部审计师首先发现并顶住种种压力勇敢揭露出来的，这三人也同时当选《时代》杂志年度新闻人物。与此同时，该公司的外包服务商，一家有着近百年历史的世界级会计师事务所——安达信却因深陷这场财务造假泥潭被迫退出历史舞台。

丁：内部审计人员只要认真工作就可以发现难以发现的问题。虽然内部审计取得了重大成果，但内部审计人员依然可以从前两次审计中吸取深刻教训，举一反三，避免类似的问题再次发生。

***

专家点评

大家观点基本上统一，国家审计、社会审计和内部审计是我国审计组织体系的三种基本类型。三者的共同目标都是加强财政财务管理，维护国家财政经济秩序，促进廉政建设，其审计技术方法、审计程序、内部控制和审计质量控制等方面要求基本相同，但三者由于出发点和目标不同，各有侧重，执行的具体审计准则也不一致。从本案例反映的情况来看，国家审计和社会审计人员在实施项目时对审计重要性和谨慎性原则运用不到位，在获取审计证据、遵循审计程序、严控审计风险等方面可能存在不当之处，这也值得内部审计人员反思和警醒。

讨论主题 2
为何在舞弊审计中需要保持职业怀疑精神？

甲：保持职业怀疑精神是内部审计人员的一项基本素养，由于舞弊的隐蔽性和复杂性，职业怀疑精神显得更加重要。内部审计人员在舞弊审计中应始终保持这种职业精神。

乙：职业怀疑其实就是"合理怀疑"。内部审计人员要从大量看似无关却可疑的迹象或线索中敏锐感知"合理疑问"，并能锲而不舍地追查，找到"合理答案"。

丙：只有充分发挥职业怀疑作用，才能以最低的成本、最高的效率得到最有力的证据。

丁：根据《第 2204 号内部审计具体准则——对舞弊行为进行检查和报

告》第五条，内部审计机构和内部审计人员应当保持应有的职业谨慎，在实施的审计活动中关注可能发生的舞弊行为，并对舞弊行为进行检查和报告，内部审计人员应保持应有的职业谨慎并在合理怀疑的基础上做出专业判断。

专家点评

审计工作中，很多问题首先是怀疑出来的，职业怀疑是做好审计工作的内在动力。对于舞弊审计，内部审计人员除了保持职业怀疑精神，还要具备丰富的专业知识和高超的审计技术方法。另外，《第 2204 号内部审计具体准则——对舞弊行为进行检查和报告》第七条指出"由于内部审计并非专为检查舞弊而进行，即使审计人员以应有的职业谨慎执行了必要的审计程序，也不能保证发现所有的舞弊行为"。审计人员对舞弊的风险要足够重视。

讨论主题 3
如何发挥传统审计技术方法在舞弊审计中的作用？

甲：个人认为，传统审计技术方法对现代舞弊审计的作用越来越小，现代科技方法的应用日趋广泛，已逐渐取代传统审计技术方法并成为主流。

乙：舞弊行为有很大的风险，也很复杂，传统审计技术方法只有不断加强与大数据、管理学、心理学等专业知识的集成融合，才能较好地实现舞弊审计的目标。

丙：尽管现代科技方法越来越重要，但传统审计技术方法仍然是舞弊审计的基础，在此基础上综合利用大数据分析等其他方法和手段，可以提高审计的效率和效果。

丁：舞弊是特定条件下多种因素共同作用的结果，其行为出现后也会通过特殊的方式表现出来。如要识别这些异常信号或征兆，就需要采用一些特殊的方法，如红旗标志法、制造错误法和数据分析法。这些方法是传统手段的有益补充。

专家点评

舞弊审计涉及公共管理、公共政策、经济管理、心理分析等方面的知识，其审计方法不应拘泥于传统的审计方法，而应将舞弊审计的实际环境与常规审计方法和其他学科的有益成果有机结合起来，形成满足舞弊审计的方法。

讨论主题 4
为什么说舞弊审计的首要任务是审查和评价内部控制？

甲：了解并测试内部控制是审计实施阶段的必经检查程序之一，目的在于摸清被审计单位内部控制是否存在以及是否得到执行，从而对舞弊发生可能性进行准确评估。

乙：当舞弊发生时，尽早发现是极为重要的，而审查和评价内部控制就是发现、识别舞弊信号的一项行之有效的措施。

丙：从审计角度来看，舞弊之所以存在与发生，通常缘于管理漏洞和内部控制的薄弱环节，所以审查和评价内部控制对舞弊审计尤为重要。

丁：压力、机会、借口是构成舞弊三角理论三个基本因素，而无效的内部控制往往会产生更多的机会。本案例中，张某挪用公款屡屡得逞的一个关键因素就是货币资金内部控制存在缺陷。

专家点评

几乎所有的舞弊事件都与内部控制的薄弱环节相联系，因此，审查评价内部控制不仅是识别检查舞弊的首要程序，也是审计人员开展舞弊审计的一项基本业务技能。除了考虑内部控制设计和运行的固有局限外，审计人员还应考虑异常交易、利益冲突、道德操守等环境文化因素。

讨论主题 5
如何加强内部审计与外部审计的协调?

甲: 2018 年修订的《审计署关于内部审计工作的规定》第二十二条规定:"审计机关在审计中,特别是在国家机关、事业单位和国有企业三级以下单位审计中,应当有效利用内部审计力量和成果。对内部审计发现且已经纠正的问题不再在审计报告中反映。"第二十六条规定:"审计机关可以采取日常监督、结合审计项目监督、专项检查等方式,对单位的内部审计制度建立健全情况、内部审计工作质量情况等进行指导和监督。"这两条规定从国家层面分别对审计机关与内部审计协作配合作出具体的规定,这充分说明了内部审计协作配合的重要性,也为内部审计工作的开展提供了有力的制度支撑。

乙: 内部审计与外部审计的协调应纳入法治轨道运行,除了国家层面的法律法规,各单位也要出台配套制度或相应操作规范。

丙: 由于行业特性和保密工作等原因,外部审计或内部审计往往不愿共享审计成果,难以取得共识,所以协调工作说起来容易做起来很难。

丁: 内部审计与外部审计的协调必须取得最高管理层的理解和支持,在"道"(审计理念)的层面取得一致。就一线审计人员来说,重点在"术"(审计方法和方式)的层面加强交流,如会商审计计划和审计方案,交流审计工作底稿和参阅审计报告等。

专家点评

内部审计与外部审计协调的问题,也是内部审计人员经常会遇到的问题之一。按照《第 2303 号内部审计具体准则——内部审计与外部审计的协调》的要求,内部审计要与外部审计经常沟通联系,减少重复审计,共享审计成果,共同促进"道"(法则、规律)和"术"(策略、方法)两个层面的"同频共振",以实现审计价值最大化的目标。

11.3
延伸思考

从近年来披露的舞弊案件来看，审计人员因为履职不到位被追责的案例不在少数，这就引申出起另一个热点话题，那就是关于审计风险的问题。审计风险是客观存在的，不以审计人员的意志为转移，无论是传统的抽样审计还是现代的大数据审计，总存在结论与事实的误差，这种误差难以消除。但审计风险也具有一定的可控性，审计人员可以通过认识风险，分析其存在或产生的原因，并采取相应的措施将风险控制在可接受的水平。在此过程中，审计人员的职业怀疑或判断能力对识别审计风险至关重要。"看似寻常最奇崛，成如容易却艰辛。"这种能力是在"望、闻、问、切"基础上形成的一种敏锐感知能力，是长期积累经验后的瞬间爆发。如何提升这种职业判断力，如何才能达到"心流"状态，如何实施有效的质量控制等，都是新时代赋予我们的新课题、新使命，需要广大内部审计人员在实践中不断地探索和完善。

内部审计人员被指责咄咄逼人怎么办

沟通是把一个组织中的成员联系在一起，以实现共同目标的手段。

——巴纳德

12.1
案例背景

在一次集团内部常规审计将要结束时，审计总监意外接到 A 子公司总经理的来电，指责其审计人员态度蛮横、咄咄逼人。

事情的经过是这样的，两位审计人员在完成大部分测试工作后，意外发现，公司维修服务业务中节余材料的销售款项可能被截留建立"小金库"。对此问题应该如何处理，两位审计人员出现了意见分歧，资深审计人员李刨根坚持扩大审计测试、追查；新招的高级审计师张究底认为是常规审计发现情况，应该向总部请示是否扩大审计测试，修订审计方案，然后行动。基于两人的分歧，张究底给集团审计部技术专家去电咨询下一步行动，得到如下指示：要分析公司维修服务用材料收发存管理规定和相关流程，并对节余材料销售做一个测试，了解近三年节余材料销售情况；测试后的数据仅与公司最高领导沟通，请其提供说明，并带回相关材料；不论能否确证存在小金库，暂时不要声张。

张究底与李刨根交换了总部意见后，开始了测试。经过测试，审计人员发现公司 2017 年至 2019 年每年节余材料销售收入和维修业务收入都出现异常（见表 12-1），而且以往年度节余材料每月都有销售，但最近两年仅有上半年和下半年各销售一次。

表 12-1 节余材料销售收入与维修业务收入

项目	2017 年	2018 年	2019 年	2020 年
节余材料销售收入	250 万元	220 万元	51 万元	65 万元
维修业务收入	8 590 万元	11 256 万元	12 358 万元	14 259 万元

于是，两位审计人员约谈财务经理和出纳，在谈话过程中财务经理与出纳二人支支吾吾。李刨根直言相向："不管其他什么情况了，你们就直接告诉我，有没有账外销售的情况？"财务经理和出纳先是假装没听清楚，待李刨根连问三遍，才嘟囔："反正我们财务部门是没有这种情况的。"李刨根又进一步追问："那是哪些部门可能有呢？"得到的回答是："没有，我不觉得有。"张究底察觉到了气氛的紧张，赶忙插话："那我们再回头看看账簿，核对一下测试数据。"随后，气氛稍稍得到了缓和。

谈话过后，他们与 A 子公司领导简单话别，考虑到此次发现的问题很可能已经被 A 子公司的高层直接主导，因此审计人员并没有与公司高层进行审计退场沟通就启程赶回总部。

集团公司审计总监对 A 子公司总经理的指责一头雾水，但出于对两位审计人员专业能力和职业素养的信任，他认为审计现场产生冲突一定是有原因的。由于现在无法联系到两位审计人员，因此他决定等他们回公司总部后先了解实际情况，到时再进行下一步处理。①

---

① 案例素材选自张大春在中国会计视野上发表的文章《黑脸白脸——内部审计师被指责咄咄逼人》，内容有删改。

12.2
讨论情景及专家点评

对在审计过程中内部审计小组和 A 子公司之间出现的矛盾，内部审计协会认为是审计单位与被审计单位沟通问题的典型案例，十分具有讨论研究的价值。故单独组织了一次内部讨论会议，邀请了四位内部审计从业者围绕以下五个主题进行讨论。

讨论主题 1
两位审计人员在审计现场分别唱红脸和白脸的做法是否有悖于内部审计的使命？

内审 A：首先，内部审计的第一条使命就是：增加和保护组织的价值。案例中两位审计师查出了账外销售的情况，这是严重的舞弊违法行为。此外，账外销售侵蚀了其他投资者的权益，为公司长远健康发展埋下了隐患。被调查出的账外销售很可能是 A 子公司高层获取灰色收入的方式之一，无论对 A 子公司，还是整个集团公司都会造成危害。两位审计人员在询问方式上使用不同的语气调查账外销售，实则是在保护公司、集团的利益，与内部审计的使命是相符的。

内审 B：我认为没有违背，恰恰是巧妙的合作方式使得审计团队更好地完成审计任务。内部审计的使命在于以风险为基础，提供客观的确认、建议和洞见，增加和保护企业价值。在本案例中，李刨根说话直接，可以让被审计单位意识到自己的问题，切中要害；当然，这样做可能会造成气氛尴尬，审计询问进程难以进行，所以需要张究底在其中缓和气氛，侧面沟通，收集信息与证据。

内审 C： 当内部审计活动充分考虑了战略、目标、风险，努力提供加强治理、风险管理和控制过程的渠道，客观做出相关确认时，内部审计活动就是为组织及其利益相关方增加价值，也就是完成了审计的使命。因此我认为两位审计人员的做法并没有与内部审计的使命相悖。他们并没有只是根据审计发现做出记录，而是充分考虑了风险，并且通过问询来尝试找出风险点，因此两位审计人员没有违背内部审计使命。

内审 D： 内部审计一方面要对部门、单位的经营活动进行监督，促使其合法合规；另一方面要对部门、单位的领导负责，促进经营管理状况的改善、经济效益的提高，究其根本都是为了增加和保护企业价值。面对 A 子公司经理和出纳的闪烁其词，审计人员先唱白脸询问，表明审计态度，即审计对于可能存在的问题会公平公正一查到底，然后再唱红脸缓和气氛，便于审计与被审计双方加强合作。两位审计人员都是为了集团利益不受侵害，我认为他们的做法没有违背审计使命。

专家点评

四位内部审计从业者观点比较统一。确实，两位审计人员的做法与内部审计使命确实是相符合的。内部审计的使命包括三点：以增加和保护组织价值作为审计目标，以风险和收益的权衡作为审计思维的出发点，以提供客观的确认、建议和洞见完成审计使命。两位审计人员调查账外销售的出发点是维护集团利益，与内部审计使命第一条相符合。此外他们对于审计过程存在的分歧，及时向专家询问意见而不是武断地采取一方的处理方法，充分地考虑了风险，与内部审计使命相符合。最后，审计人员相互配合，采取不同态度质询被审计单位人员的方式，作为审计收集证据的手段之一，对存在的问题进行确认并提出解决意见，与内部审计使命的最后一点契合。

讨论主题 2
两位审计人员在沟通过程中是否有不恰当的地方？是否有改进的空间？

内审 A：我认为确实存在不妥的地方。内部审计人员在与被审计单位沟通的时候应该注重自身的技巧与态度，否则自身的审计工作将难以进行。此案例中，李刨根对财务经理和出纳直言相向，虽然是在进行了一系列调查之后，但是，应该采取更为合适的方法交流，毕竟涉及公司的经济利益。为了获取足够充分、适当的审计证据，确保下一步审计工作的顺利进行，我建议审计人员在查出审计结果、重大错误之后，再采取强硬态度，考虑全局。

内审 B：我认为，两位审计人员在沟通的过程中不存在任何不妥之处。审计人员是在有销售测试数据作为证据之后，才去就账外销售的问题质询财务人员，并非无理取闹、无端生事。总经理抱怨审计人员咄咄逼人，可能是因为审计人员对于账外销售的调查行为，正好戳中了子公司高层的痛点。所以，这种无端的指责更像是一种恶人先告状、做贼心虚的表现。

内审 C：审计人员在沟通过程中咄咄逼人确实有些不恰当，应该旁敲侧击，或者通过非正式沟通的方式进行询问。

内审 D：我认为两位审计人员询问对方财务经理和出纳的做法稍有不妥，因为两位审计人员已经对节余材料的销售做了一个测试，并发现了异常情况，这足以给审计人员底气。因此审计人员在询问对方时语气可以轻松点，先间接询问以进一步获取证据，如果获得了新线索或思路，自然是好事；如果没获取，通过与对方的交谈，审计人员心里也有数了，再进行对质也不迟。

专家点评

　　针对案例中审计人员的沟通态度、方法问题，各位业内人士发表了不一样的看法，褒贬不一。其实，两位审计人员并没有什么大的不妥，责问财务人员可能是咄咄逼人，但气氛还是在审计人员调整后缓和下来，并且审计人员从侧面搜集了证据。离场前不与被审计单位沟通也无可指责，因为他们发现的问题很可能被子公司高层直接主导了，这些是不能随便沟通的，他们已经礼貌地话别了。当然并不是说他们就做得完美了，在询问技巧上他们还是有改进的空间，敏感话题的提问过于直接，或许就是被指责咄咄逼人的借口。

讨论主题 3
对于常规审计可能要转为专项审计调查的项目，审计人员是否应该向审计总监就工作过程中存在的问题和目前的进度及时汇报？

　　内审 A：我认为，张究底必须将内部审计活动的计划和资源需求，包括重大的临时性变化，报最高领导审批，因此应该及时对审计总监进行汇报。

　　内审 B：我认为应该及时汇报。一方面，审计总监对于委派的审计人员应该有一个全程性的进度把控，就需要下级及时汇报；另一方面，此案例中审计人员已经发现该公司销售收入存在明显的不合理现象，这属于敏感信息，可能涉及公司集团内部舞弊，很可能影响到整个集团的利益和发展，审计人员出于其职责和使命，应该及时汇报，而不是遮遮掩掩，甚至直接根据自己的意愿去扩大审计范围。

　　内审 C：审计总监对于审计项目进度的把控是非常有必要的。但是在当时的情况下，两位审计人员没有及时向审计总监汇报所有的工作细节，也是可以理解的。

内审 D： 我认为需要对审计总监进行及时汇报。该项审计都要转为专项审计调查了，说明该项目重大，审计总监有知情权。此外，相较于常规审计，专项审计调查要进一步加深审计的深度，需要拟定专项审计调查通知书，其单位内部可能还有些程序要走，这些审计总监都需要了解，以更好地应对其他突发状况。

专家点评

四位业内人士意见比较统一。审计总监应当对内部审计活动执行的情况进行持续监督，尤其是当获取了维修收入与节余材料销售收入的测试结果这一重要材料，在进行可能涉嫌舞弊的调查后，出于审计事项的重要性和问题的敏感性，两位审计人员应该在返回总部前，与审计总监进行沟通汇报，以便审计总监对后续工作进行安排。

讨论主题 4
审计总监应该如何给 A 子公司总经理回话？

内审 A： 审计总监首先应该说些冠冕的话将 A 子公司总经理安慰住，毕竟电话里只是 A 子公司方面的一面之词，审计总监对审计现场发生了什么并不知情，应该先保持客观、冷静的态度，尽量避免对审计人员有先入为主的印象。等情况了解清楚后，审计总监再给 A 子公司总经理回话，可以先暗示对方是不是出现了账外销售，让对方自知理亏，相信 A 子公司总经理之后也不会再为难审计总监。

内审 B： 我认为，这个时候出于审计项目的顺利进行，审计总监最好不要以激烈的言辞进行辩解，激化矛盾。同时审计总监要表明自己的立场，即充分相信自己的项目组成员，发生矛盾肯定是因为双方在工作过程中产生了冲突和误会，应表示希望对方理解和配合内审的工作。但是态度一定要不卑不亢，不能太软弱，一上来就在不完全了解事情经过的情况下承认错误，说是自己下属态度不佳。这样的话一步退步步退，若后期再查出类似的敏感问题，过于软弱的态度不利于工作的开展，难以完成总部的任务。

内审 C：审计总监应该立刻向总经理表达歉意，承认在审计过程中出现不当的沟通，并承诺会严格批评两位审计人员，保证以后不会再出现类似的情况。等两位审计人员回到总部后，审计总监再仔细就存在的问题进行调查。

内审 D：实际上，审计工作尚未结束，审计总监应该给予两位审计人员充分的信任，和 A 子公司总经理回话的过程中维护审计人员的尊严，向其表明内部审计工作的真实意义，不仅是服务还有监督。其次，针对 A 子公司的疑似"小金库"事件，应该先稳住总经理情绪，以便安排下一步的审计计划，彻底查清楚事实真相，并委婉表明如不配合审计工作，将会上报总部管理层处理。只有完全调查清楚事实，获取证据之后，审计总监才可以向 A 子公司总经理明确态度。

专家点评

在企业的内部审计工作中，冲突时常发生且又不可避免，审计总监应该理性、客观、公正地看待 A 子公司总经理的"告状"。两位审计人员作为审计总监的左膀右臂，审计总监应该对其保持信任的态度，在查清真相前，应做到维稳局面，避免冲突进一步升级，四位业内人士的看法都考虑到了这一点。然而对于总监应该做到何种程度，大家看法略有不同。个人认为，审计总监应保持形式上的独立性，不屈从于来自任何方面的压力。面对 A 子公司总经理的施压，总监应该做到不卑不亢，严格遵守职业道德，一方面是出于对下属的信任，也是维护审计人员的尊严；另一方面，过于软弱的表现放低了内部审计部门的姿态，影响审计的权威性和客观性，不利于未来工作的展开。

讨论主题 5
两位审计人员在这次的现场审计工作中有什么值得学习的地方？

内审 A：两位审计人员作为集团内部审计，在完成大部分的审阅和测试后，敏锐地发现销售收入可能存在的问题，首先说明其工作态度非常认真仔细，恪尽职守，对重大项目保持了特别的关注；其次，针对敏感信息，高级审计人员能够及时与技术专家沟通交流后再进行下一步的调查，符合工作程序，遵守规则秩序，没有形成不必要的麻烦；最后，针对涉及利益的问题，审计人员能够相互配合地发问，形成合作，值得学习。

内审 B：当两位审计人员在审计现场出现意见分歧后，能够及时地做出决策，并且符合《国际内部审计专业实务标准》中的规定，即当内部审计人员缺乏完成全部或部分业务所必需的知识、技能或其他能力时，必须向他人寻求充分的专业建议和协助。两位审计人员对待审计发现能够刨根问底，通过问询财务经理和出纳来深入分析问题背后深层次的原因，从而努力获取加强治理、风险管理和控制过程的渠道，是值得学习的。

内审 C：首先，对于审计工作中发现的意外情况，两位审计人员能够及时沟通并向专家寻求意见，然后及时采取行动，对节余材料销售进行测试，审计意识还是很到位的。其次，两位审计人员也很懂得配合，一个唱红脸一个唱白脸，既给了 A 子公司下马威，表明我方对待审计认真、负责、一究到底的态度，又让现场气氛不至于剑拔弩张，如此一张一弛，也不失为一种技巧。

内审 D：职业判断能力是审计人员胜任能力的核心。两位审计人员在面对分歧的时候，处理方法是向专家咨询，而不是图简单一方妥协听从另一方的意见，或者依据工作阅历的长短听取资历老的一方的处理方法。新招的审计人员有自己独立的思考，有自己的想法。资历老的审计人员也没有依仗自己工作经验丰富，蛮横要求新人听从自己的意见。两人客观理智，有自己的职业判断能力，以及高度的审计独立性，这是最值得我们学习的地方。

专家点评

内部审计作为公司经济活动的监督者，本身担负着极其重要的责任。其工作应该在一次次的实践中得到提升和改善，最终促进公司的发展。通过对本案例的探讨，可以发现很多值得借鉴的地方。首先，两位审计人员敢于发现问题、提出问题，对于销售收入等特殊项目保持了应有的关注，尽量降低审计风险，恪尽职守，保持了应有的职业怀疑态度；其次，在团队审计中，两位审计人员能够按照上级的指示开展审计测试，虽在过程中有争执，但最后能够友好合作，互相帮助达成共识，值得在实务中学习；最后，审计人员并非在全部方面都保持专业水平，根据审计业务的性质和重要性水平，在实施审计程序中需适时借助专家，这样才能提高审计工作效率。

12.3 / 延伸思考

　　这是一个矛盾聚焦在审计单位与被审计单位沟通问题的审计案例。就案例的情况来说，还有很多细节需要考虑。比如形成内部审计冲突的潜在要素和解决思路是怎样的；两位审计人员是否能够在获取更有力的证据之后，再向对方质询；审计总监对于子公司审计项目的进度或是关键项目的处理方面，是否做到了应有的关注和监督；审计人员之间的配合沟通是否有待提升；对于子公司出现小金库的现象，日后总公司应该如何加强管控。

　　在审计实务中，审计人员和被审计单位人员的矛盾可能产生于方方面面，比如说被审计单位在提供资料的时候，过于拖拉或者不愿提供延误审计工作进度，被审计单位进行特定的会计处理又无法拿出证据，对于关键问题的细节解释不清等。此外，审计人员与被审计单位的沟通交流也十分重要，具体可参考《第 2305 号内部审计具体准则——人际关系》。当这些矛盾在工作过程中浮现出来的时候，审计人员与审计项目组负责人是否有足够的应对技巧，成了问题能否妥善解决以及项目进展顺利与否的关键。希望通过本案例的分析讨论，审计人员可以举一反三，得到一些有益的启发。

跨越雷池，人力资源审计引发大麻烦

未来的竞争将是管理的竞争，竞争的焦点在于每个社会组织内部成员之间及其与外部组织的有效沟通。

——约翰·奈斯比特

13.1
案例背景

　　M 公司审计总监李由现在一筹莫展，桌子上醒目的文件是人力资源总监送来的关于公司工资信息泄露情况通报，李由翻来覆去看了几遍，几次抓成一团，又几次摊开，眉头一直未能展开。

13.2 事件过程

半月前，公司薪酬委员会兼审计委员会主席张柬提请审计部做一份审计调查，了解公司中层人员薪资政策及其调整情况，供薪酬委员会讨论公司薪酬政策参考，同时指示，对薪资调整流程实施专项审计。由于公司实行薪酬保密制度，审计部门从未做过薪酬福利方面的审计，以前的人力资源审计仅限于人力资源招聘、录用、晋升、考核和培训方面审计，人员考核和薪酬发放等重要事项不要求进行审计，人员晋升流程中涉及晋升后薪资调整文件也不向审计部门提供。因此接到这个任务，李由立即想到了授权，审计通知书由董事长亲自签发，公司总经理也专门找了人力资源总监面谈。李由派出了审计部最强的两员干将，并专门就此项审计单独签署了保密协议，明确要求对薪酬等敏感信息保密。

审计见面会和结束沟通会议上，人力资源总监一直没有好脸色，尤其在结束沟通会议上对审计发现很是反感，将很多问题推说为出于保密要求。现在审计报告和调查报告初稿已出，在人力资源部征求意见多日，人力资源部没有按期回复，却给李由送去一份泄密情况通报。通报指出：公司一直实行薪酬保密制度，对工资信息实行不公开、不询问、不讨论的"三不"政策多年，员工对于薪酬从未有过攀比等，并质疑最近进行的审计泄露了薪酬机密。公司在这几天收到数份加薪申请，加薪申请人将自己的薪酬与多个自认为同岗、同档次应该同酬的员工进行了详细比较，所提数据相当准确，这可是从未有过的事情。人力资源部正在安抚加薪申请人，对其提供的其他员工薪酬信息不予承认，并要求其提供信息源，相关员工讳莫如深。通报还指出某加薪申请人入职时就是审计师王亮推荐的。让审计总监李由更头痛的是，通报提到的那位审计师王亮向他提出了离职申请，原因也来自这次审计。王亮在审计中发现，公司薪资调整制度就是会哭的孩子有奶吃，审计部的员工普遍低于公司其他部门，而且审计部每年加薪申请均被调减为按最低增资额调整，而其他部门还出现申请少、批得多的情况，而那些人往往是审计出问题被处罚的人，审计处罚后获得了更多的补偿。王亮心灰意冷，将此审计发现也写入了审计报告，却被李由在初稿中就删掉了。李由深知王亮的为人，他从来不会透露审计中的任何信息，但这次审计对他的冲击会不会让他失了方寸，况且他口头提出不满，并要离职。①

---

① 案例素材选自张大春在中国会计视野上发表的文章《触雷区——人力资源审计引发大麻烦》，内容有删改。

13.3 问题分析与解决过程

　　李由陷入沉思，自己到底哪里做得不好呢，第一次做这方面的审计，审计通知书由董事长亲自签发，总经理也专门找了人力资源总监面谈，人力资源总监应该不会故意泄密栽赃审计部吧？可是委派的审计师也都是共事多年的同事，他们的人品是信得过的，难道是审计师在审计过程中不小心泄密了？李由打算先找王亮谈谈，看看王亮是否有难言之隐。

　　王亮来到李由的办公室，李由对人力资源总监的泄密通报只字不提，首先展开了攻心之势："小亮呀，这些天工作辛苦了，我先给你放几天假，你调整调整，辞职的事情先放放。"

　　"李总，这已经不是放几天假就能解决的了，我现在感受到巨大的不公平和不尊重，咱审计部总是不受别的部门待见，这我也理解，但是为啥连领导都不重视咱，给咱审计部工资定的是全公司最低的。此外，就我发现的那些审计问题，为何你在审计初稿中给我删除了？您是不相信我的审计结果，还是害怕得罪人力资源总监？如果咱们都不能统一战线，那咱审计部以后在公司就更人微言轻，不受重视了，这才是让我最心寒的。"王亮说得义正词严，慷慨激昂，热血沸腾。

　　"小亮啊，你的审计结果，我是十分信任的，但是前期人力资源那边工作没到位，导致你看到了具体部门和人员的薪酬，这本身就有失客观。此外，你在审计报告中还提到了审计部，言辞激烈，若是真写上去，且不说是否违背了审计职业道德应遵守的独立性和客观性，这更可能让人觉得咱是借机提出不满，那审计报告又如何让人信服呢？倒不如你跟我说说首次接触这样的工作，你是如何去做的，争取咱下次做得更好。"李由认真说到。

"我先把咱公司的薪酬管理制度都认真看了一遍，主要明确员工薪酬支付原则、薪酬策略、薪酬水平、薪酬结构，以及薪酬构成的确定、分配和调整是否合规，薪酬设计体系是否合理，薪酬日常管理是否严格遵守，有无虚报冒领、重复支付和贪污等行为。具体而言，我首先测试了职责分工，人力资源管理、工资领取和财会部是否独立，防止虚列支出和连贯性错误。其次，我查看了咱公司的员工名录和考勤系统，检查工资结算汇总表、工资分配表、应付职工薪酬总账和明细账等资料，保证业务处理的真实和准确。最后，我抽查了一些项目，看看是否执行到位，然后就发现了我所提出的问题。另外，所有调查文件我都进行了加密，所有谈话我都进行了录音，就怕有人心怀不轨。噢，还有一点，在我要求查看加薪申请和审批文件时，屡屡受到人力资源部的阻拦，要么是问我为何查看，要么是告诉我相关文件涉及机密，不宜查看。我搬出了董事长的审计通知书，软硬兼施才得到一点点信息。"王亮说到这儿，情绪不由得激动了起来。

"小亮，你做得很好，这次审计真是辛苦你了，我会再调查调查此事，坚决维护公司利益和我们审计部的公平。这两天你好好休息，相信我，我一定会给你一个交代。"李由安抚道。

送走了王亮，李由随即约谈了另一位审计师小张，询问王亮的日常表现时，小张说道："虽然审计过程中我们都有情绪，但是本着审计师的素养，我们不会做出泄密的事情。我们在平常的审计沟通中都很注意，就连在社交账号上也没有抱怨过。"关于保密措施的实施情况，小张和王亮的表述基本一致。李由心想，看来是该向上级说明此事，且此事最好成立专门的调查小组来完成，以证明审计部的清白。

跟上级汇报完，董事长很是重视，立马成立专项调查小组，严格、秘密调查此事，不相关的人一概不知。调查小组在了解了人力资源部对于泄密事件的描述后，对第一当事人王亮进行了约谈，主要询问了审计师都采取了哪些保密措施，询问过程中王亮说明了人力资源部在审计工作中不配合并且对关键事项有所隐瞒的情况。但王亮表示，就算自己对薪酬制度非常不满意，也不会违背审计师的职业素养，不会做出泄密的事。调查小组又与李由约谈，先对保密措施进行了核实，又询问了王亮的平时为人。之后调查小组又和另一位审计师约谈，确认了保密工作是做到位的，并且相信王亮不会泄密。之后专项小组又约谈了人力资源部对此有意见的员工，问到信息来源时他们又闪烁其词。至此，调查小组已经心中有数，将此次泄密事件可能的原因反馈给审计总监，并建议其对有问题的薪资部分进行进一步的专项调查。

经过进一步调查，两位审计师均未泄密，是人力资源总监企图转移注意力，掩盖自己所做的违规事。专项调查小组已将调查了解到的信息汇报给了上级领导，人力资源总监很可能因此被解雇。

没多久，总经理召开特别会议，把此次涉事的人力资源部相关人员召集到一起。严厉地说道："大家作为人力资源部的一员，一定要正确理解我们公司为什么一直以来实施薪酬保密制度。在无法确定现行薪酬制度公平程度的情况下，回避薪酬的公平性问题，是为了减少员工与企业、员工与员工之间的矛盾。这样做可以保持和谐的人际关系，保护员工的个人权益，使相对高薪者免受他人的排挤刁难，相对低薪者也不会被人轻视。但是，这绝对不是胡乱设定各个部门薪酬标准的保护伞与挡箭牌！对于这次的薪酬审计项目，你们保密工作做得很不到位。第一，应该先将涉密数据调整，涉密的具体部门和人员的名字可用代号进行处理；第二，将薪资信息竖向进行审计，使每个人尽可能少接触单个人的全部薪资信息，比如基本工资和奖金分开审计；第三，涉密资料不得拷贝和带离人力资源部；等等。这些都是降低泄密风险的必要工作。但是你们没有这样做。类似这样的事件，下次不允许再出现了！"

真相大白后，李由再次约谈了王亮："经调查，你是一名合格的、令人信任的审计师，你发现的问题让公司查出了大'蛀虫'，公司领导很欣赏你，也看到了审计部更大的价值和作用，公司决定重新制定薪酬体系，绝对不让每一个对公司用心的员工寒心。另外，公司还有一笔忠诚奖金要发给你，感谢你在此次审计工作中做出的贡献。"

　　王亮激动地回答道："谢谢李总，身为审计师，审计职业道德是我工作的一把标尺，无论何时何地，我都会永远铭记并遵守！"

13.4

回顾与思考

总结案例故事脉络，这个发展过程给人们太多的启示，引发人们很多的思考。通过本案例，我们重点思考如下问题。

1. 在涉及机密项目审计的时候，应该如何做好保密工作？

2. 审计小组在审计现场工作进展不顺畅的原因有哪些？具体到案例中，受阻的根源是什么？

3. 本案例中，两位审计人员在遭到人力资源部门的阻碍后应当如何处理？

4. 在保密方面内部审计人员职业道德是如何对内部审计人员进行要求的？

5. 如何让人力资源部门配合并认可薪酬审计工作？

13.5

专家提示

专家提示 1
在涉及机密项目审计的时候，应该如何做好保密工作？

《中国内部审计准则》要求内部审计人员应当遵循保密原则，按照规定使用其在履行职责时所获取的信息。

针对此案例，具体提出以下建议。

（一）审计前

1. 要配备必要的审计人员，并且审计人员应该与被审计单位签署严格的保密协议，作为双方顺利开展工作的基础。例如，审计人员的人品和职业操守必须适应保密事项审计，对中高层员工薪酬的审计必须由相应级别的审计人员（如审计委员会成员）实施。

2. 提前召开特别会议，强调保密要点，通过实施严格的保密措施防范和化解泄密等风险。对可能出现的问题要提前拟定应对方案，如对审计期间薪酬泄密事件的调查和处理、对员工不满情绪的处理等。

3. 要有充分和明确的授权。薪酬审计的特殊性和企业内部政治生态的复杂性，决定了薪酬审计必须有企业主要领导（如董事长）或审计委员会的充分授权，包括审计范围、被审计单位应提供的资料等，并召开相关部门特别会议予以明确。还要在审计前讨论保密信息的接触问题。

（二）审计过程

1. 建议竖向进行薪资审计，使每个人尽可能少地接触单个人的全部薪资信息。

2. 人力资源部门先将涉密数据调整，具体部门和人员的名字用代号处理。

3. 限制公司机密资料离开人力资源部门，利用相关电子系统对审计人员设置合理权限。

4. 特别强调在外勤工作中，审计总监亲临现场与人力资源部门高层沟通等。

专家提示 2
审计小组在审计现场工作进展不顺畅的原因有哪些？具体到案例中，受阻的根源是什么？

其中有内部审计机构和人员自身的原因，也有外部的原因。

1. 自身的原因。

所谓"自身的原因"是指内部审计机构或人员工作、能力方面存在的问题，其中包括角色、职能定位，审计效果不明显，自身素质等。

（1）内部审计角色、职能定位的问题。部分内部审计机构或人员对自己的定位有偏差、对职能的理解和执行还存在问题。部分内部审计人员保持一个"外部检察官"的形象，未体现任何服务意识，让许多组织内部人员产生距离感。

（2）审计力量发挥不够，效果不明显。内部审计职能、工作思路生搬硬套，与企业发展不协调，不能体现内部审计与企业目标的一致性。审计意见、建议不切实际，无法执行。审计过程不完整，缺少审计建议执行的反馈和后续审计，结果造成审而不纠，审而不改，使审计结果流于形式。内部审计定位滞后，大多数进行的是事后审计，事前防范较少，不能做到防患于未然。

（3）自身素质有待提高。内部审计人员缺乏应有的人际沟通能力，与被审计部门关系处理不当，造成审计工作开展不力，审计难以达到预期的目的。

2.外部的原因。

所谓的"外部的原因"是指内部审计机构或人员因内部审计部门的独立性不够，领导不重视审计工作以及企业缺乏良好的内控环境等。

（1）独立性不够。企业未赋予内部审计应有的独立性和权威性，部分内部审计在非权力部门的领导下，甚至受到其他同级职能部门的权力制约，审计范围窄、权力小，这是内部审计地位尴尬之源。

（2）企业领导重视度不够。部分企业领导对内部审计了解不够，意识淡薄，内部审计工作得不到主要负责人或权力部门的支持。内部审计软硬件设施配备不到位，不能满足正常审计业务开展的需求。

（3）内部审计缺乏良好的企业环境。企业内部机构和人员对内部审计了解不够，排斥正常的内部审计工作，甚至有抵触情绪，工作开展困难。

在案例中，有了上级对于调查薪酬制度的授权和指令，人力资源总监仍敢违抗指令不配合调查就说明人力资源总监十分清楚，任由审计部门调查薪资制度的后果更加严重。所以现场工作进展不顺畅的根源就在于审计人员的利益与人力资源部门的利益出现了冲突，审计部门希望通过获取更多保密的信息对公司现有的薪资政策以及调整状况进行调查，而人力资源部门在担心如果向审计方披露所有保密信息，又会暴露出其薪资调整政策存在问题的事实。

专家提示 3
本案例中，两位审计人员在遭到人力资源部门的阻碍后应当如何处理？

审计总监李由应该与人力资源部门的同事进行充分的沟通，减少其对于审计的抵触情绪。如果沟通无效，可以尝试用上级的命令对其施压，但一定要注意态度和语气，必要时可以向上级部门反映，必须就资源受限制的影响与上级进行沟通。最后，人力资源部门对于某些审计流程的不配合，比如拒绝提供资料、拒绝解答问题也可以作为审计证据的一种，向适当的对象披露受阻的具体情况，披露的性质视受阻情况而定。

其实，一般在实务工作中，无论是上市公司审计还是内部审计，在项目现场出现被审计单位态度强硬，拒不配合审计人员展开调查的现象是非常少见的。一家业绩良好、财务数据不存在重大疏忽纰漏的上市公司或者企业集团，出于对双方工作的尊重以及审计项目进度的要求，其财务人员大多都会积极提供财务数据信息，对于审计人员提出的疑问也会共同协商解决。

专家提示 4
在保密方面内部审计人员职业道德是如何对内部审计人员进行要求的？

保守秘密是内部审计工作的职业纪律。内部审计人员的工作需要决定了内部审计过程中不可避免地会接触到企业的商业秘密等。内部审计人员应负有保守秘密的义务，应当谨慎使用和保护在内部审计工作中获取的信息，不能因为任何个人或其他组织的利益而滥用和泄露这些机密，要防止因为这些信息与资料的泄露，给组织带来损失。

专家提示 5
如何让人力资源部门配合并认可薪酬审计工作？

薪酬管理审计是内部审计部门的重要审计内容和职责，如何做好这项审计是当前摆在内部审计部门面前的重要任务和课题。

首先，内部审计人员应该明确自己工作的定位，本次薪酬审计要求了解公司中层人员薪资政策及其调整情况，供薪酬委员会讨论公司薪酬政策参考。内部审计人员与人力资源部门的最终目标均是维护企业集体利益，内部审计人员不是法官，更不是审判员，在执行薪酬审计工作的时候应该以事实说话，客观地进行审计工作，并采取更加巧妙的审计调查方法，不应与人力资源部门形成紧张的关系。

其次，沟通与协调是内部审计工作的重要组成部分。"美言一句三冬暖，恶语伤人六月寒。"审前调查情况、审中座谈了解、审后征求意见等环节都需要内部审计人员与审计对象进行沟通交流，沟通贯穿于内部审计全过程。审计人员应建立良好的沟通渠道，并及时向企业主要领导汇报审计情况，争取领导的重视和同事的支持理解。具体来说有以下3个方面。

1.尊重对方，懂得倾听。尊重对方是成功进行沟通交流的前提条件。内部审计人员要保持平和心态，真诚理解审计对象的想法，设身处地地为他们着想，尽力找到与审计对象能够达成共识的某些问题，掌握沟通的方式方法，既要换位思考，尊重对方，又要依法审计，以理服人，切勿以上级自居，以审问的口吻交流。还要做到耐心倾听，树立服务意识，获取沟通对象的信任，在倾听中有针对性地回应、询问等，在倾听中思考，获得更多有效信息，使沟通达到事半功倍的效果。

2.巧妙提问，留有余地。沟通之前，审计对象会有一定的心理戒备，可能会猜测谈话的内容，也会设想如何应对。对于沟通对象的心理防备，内部审计人员首先要主动从情感入手，循序渐进地引入正题，巧妙提出问题。其次，审计沟通目标要尽量具体，但具体不等于没有余地，有经验的审计人员会保持弹性，留有回旋余地。

3.态度谦和，语言通俗。沟通时，应态度谦和、真诚、委婉，不盛气凌人、居高临下，要尊重审计对象，做到换位思考，充分考虑审计对象的实际情况。保持谦虚谨慎的态度，避免过多地使用专业术语。对于必要的概念性问题，内部审计人员应用通俗易懂的语言解释清楚，以免产生歧义。对于审计对象有异议的问题，应温和地提出自己的想法和意见，真诚沟通引导，充分听取审计对象的意见，达到预期的沟通效果。

　　最后，薪酬审计涉及公司政治，内部审计人员在工作时可能会遇到困难，致使审计的独立性、客观性缺失，虽然公司成本上得到了节约，但审计效果可能不太理想。建议关于薪酬审计等公司敏感项目、涉及内审人员切身利益的项目选择外包的形式，这样既可以减少内部审计的审计风险，也可以让人力资源部门更好地配合，做到公平公正。

　　通过审计人员和被审计部门较好的沟通，内部审计人员能够获得更加充分、适当的审计证据，从而出具可靠性更高、相关性更强的审计报告。依据报告中内部审计部门的意见，人力资源部门可以切实提高部门的管理绩效，增加部门和企业的价值。这样便能帮助内部审计部门获得人力资源部门的认可，从而形成一种良性循环。

用人失策，审计报告遭质疑

审计以诚待人，人人敬；审计以信办事，事事成。

——李越

14.1
案例背景

　　S 集团对 B 公司投资比例为 44%，为单一最大股东。根据集团董事会要求，S 集团对 B 公司进行 2020 年度经营情况和委派董事尽职审计。S 集团审计部委派以刚从会计师事务所招聘进来的高级审计师刘昆为组长的三人审计小组执行该项审计。经过十天的审计工作，审计报告初稿出来后，S 集团审计总监张迪仅翻阅了审计发现汇总表便同意向 B 公司管理层和 S 集团派去 B 公司的委派董事提交审计报告征求稿。

14.2 / 事件过程

不久后，B 公司总经理电话告知审计总监张迪："我们认为集团公司对本次审计不够重视，我们对审计报告不愿发表意见。下次审计，请张总监一定亲自前来，并派高水平的审计人员参加。"委派董事也给张迪发来邮件："审计报告准备发挥什么样的作用？一个月前公布的经外部审计过的年度财务报告显示，B 公司实现盈利 2.2 亿元，你们的审计结果为 1.98 亿元，是否需要调整账簿？B 公司有关内部控制情况、风险管理的责任应由 B 公司管理层负责，不能以此评估委派董事是否尽职。"

张迪斟酌再三，决定亲自审查本次审计的全部审计工作底稿和审计报告，发现以下问题。

1. 审计组使用刘昆从会计师事务所带来的全套工作底稿进行了全面财务审计，同时选取了采购和销售两个循环进行了内部控制测试，但过于简单。

2. 对 B 公司年度经营情况考核，S 集团并未在年初下达明确的办法，董事会 2020 年年初下达的预算在当年 4 月份就因 B 公司重大经营范围变动和产品结构调整而形同虚设，但未及时调整，这一情况在审计小组编制的审计工作底稿中虽有详细记录和原因分析，但审计报告中没有提及。

3. 审计工作底稿显示：B 公司总经理和其他高管团队对董事会提出了激烈的批评，包括缺乏战略眼光、干扰管理层日常经营管理，并提供了一些董事在经理办公会议上的发言录像和一些董事发给管理层的电子邮件。审计报告对此只字未提，对这些录像和电子邮件，审计小组也未进行任何核实和评价。

4. 关于委派董事尽职问题的审计，以往与经营审计一并进行，但单独另行出具报告。审计小组组长刘昆由于刚来公司不久，未了解以往类似审计的操作惯例，在征求意见稿中将经营审计和委派董事的尽职审计合二为一了。因此，B公司总经理也能看到有关委派董事尽职问题方面的审计发现和报告。

张迪觉察到了问题的严重性，他正在考虑上述问题，偏偏不巧的是S集团董事会向其询问该项目的完成情况，得知正在征求意见时，说了声好，并要求立即直接将征求意见稿交集团董事会。原来外派委派B公司董事提出辞职，集团立即准备讨论重新选派新董事的问题。

由于集团董事会要得急，张迪就未做任何处理，直接将该审计报告征求意见稿纸质版提交给集团董事会，然后在审计报告旁边加注："部分内容需视回复情况调整。"

一个星期后，审计总监张迪收到了一封来自集团董事会的邮件，主要内容如下。

张总，您好！

我们认为，审计部对审计报告的严肃性、重要性认识不够。该审计报告是一份存在诸多问题的文件。没有重新落实、尚无定论的审计报告怎么能随意提交董事会呢？一个成熟的团队应该从敢于承认不足开始，而不是用"部分内容需视回复情况调整"加以掩盖。审计部门只有以开放的态度对自身存在的问题加以纠正，才会赢得外界的尊重；内部审计要建立高标准的流程和制度，并保持高质量的工作状态，方能为被审计单位提出有效的审计建议。虽然事无巨细的审计工作流程不太现实，但是风险分析与审计计划、过程控制、审计报告复核这些基本的流程必不可少，董事会需要的是成熟的成品而不是半成品甚至是废品。当然这次的审计报告也并非毫无可取之处，委派董事尽职审计报告中直接影响公司经营的方面也是经营审计报告中应该反映的内容。经营审计与委派董事尽职审计是出于不同审计目的进行的，有关的审计发现可以在各自的审计报告中相互利用。鉴于上述问题，建议你根据两方面的审计情况，重新修正审计报告，再提交给董事会。

14.3
问题分析与解决过程

看完了这封邮件，张迪百感交集，并积极采取补救措施。

第一，他与 B 公司总经理、委派董事进行了相关的沟通和解释，以取得他们的理解和谅解，同时进一步征求他们对于审计报告的意见，着手进行全面的复核和修正。

第二，按照经营审计的目标重新制定审计方案，并根据经营审计方案所规定的审计范围、审计程序和审计过程中采用的评估标准征求了 B 公司的意见。

第三，张迪还将 S 集团关于委派董事尽职审计的评估标准予以明确和公布。

第四，在审计报告中明确提出了审计过程中的有些发现是属于集团考核标准、制度不适当或缺失的问题，以明确 B 公司经营管理的责任。

第五，对于已经列入审计工作底稿中有关 B 公司管理层对于董事会的评论给予了高度的重视，并通过访谈、沟通、调查来验证相关信息的真实性，如果确实存在问题，应客观评价其影响并在审计报告中予以披露。

第六，张迪还进行了自我反思。在这次的乌龙事件中，委托人及客户的需求未得到充分的重视，尽职调查与经营审计的审计对象不同，应分别单独编制审计报告。并且尽职调查报告涉及个人声誉问题，审计部门应严格保密。尽管董事会急需这份报告，直接提交未经任何处理的审计报告征求意见稿也不太妥当，应该将原审计报告、反馈意见及复核后的新发现、修正的意见，先通过口头汇报的方式报告给董事会，以供其决策参考。同时，应立即着手重新修正报告，并再次征求被审计单位意见，形成正式的书面报告后再报送集团董事会。审计人员需要更深刻地理解内部审计的职能，才能为企业的经营决策和增值提供更好的服务。

14.4 / 回顾与思考

通过本案例，我们可以重点思考如下问题。

1. 该案例中审计报告和审计人员受到质疑的原因是什么？

2. 本次案例中审计流程的缺陷有哪些？

3. 审计部门应当如何改进工作以防日后出现类似情况？

4. 外部审计人员转职成为内部审计人员，需要做出哪些努力？

5. 关于案例中发生的冲突，良好的沟通对内部审计具有什么意义？

14.5

专家提示

专家提示 1
该案例中审计报告和审计人员受到质疑的原因是什么?

本案例中审计报告和审计人员受到质疑的原因主要在于 4 个方面。

一是审计人员在未熟悉公司经营活动和内部控制的情况下采用从外部会计师事务所带来的全套工作底稿进行了全面经营审计，同时仅选取了采购和销售两个循环进行了内部控制测试，审计过程是不全面的。

二是审计报告中未对 B 公司年度内重大经营变动和产品结构调整问题予以分析说明，而是沿用原预算为审计标准，从而影响了对 B 公司管理层的绩效评价。

三是未对 B 公司总经理和其他高管团队对 B 公司董事会提出的激烈批评的情况进行核实与评价，从而影响了对 B 公司管理层的评价。

四是未了解以往类似审计的操作惯例，在征求意见稿中将经营审计和委派董事的尽职审计合二为一了，从而引起委派董事的不满。

专家提示 2
本次案例中审计流程的缺陷有哪些?

本次案例中审计流程的缺陷主要有以下 4 个方面。

（1）不应使用会计师事务所的审计工作底稿进行内部审计。内部审计应该更有针对性，注册会计师审计与内部审计的审计策略和审计重点是不相同的，应该针对 B 公司的具体业务情况做出相应的调整和安排。

（2）缺乏审计工作的基本操作规程，任命刚从会计师事务所招进来的新人担任审计组长，让其在不熟悉内部审计业务和审计流程的情况下参与内部审计工作。

（3）审计质量控制程序不完善。审计总监仅翻阅了审计发现汇总表便同意向被审计单位和委派董事提交审计报告征求稿，属于工作失职。

（4）将尚无定论的审计报告初稿贸然提交给集团董事会，未做到基本的审计三级复核。

专家提示 3
审计部门应当如何改进工作以防日后出现类似情况?

（1）在进行审计前应当对被审计单位经营情况、经营环境和社会环境有大致的了解，对整个审计计划有明确的规划。

（2）在进行内部审计时，应当有针对性地选择审计重点，重点突出股东关心的事项以及公司重大经营变化，同时，制定一个明确清晰的审计工作操作规程。

（3）审计人员在进行审计时，除了需要具备必要的专业能力和道德规范外，还必须有较强的沟通能力、平衡能力以及对被审计单位业务的深入理解。

（4）制定严格的审计程序，严格把控审计质量，强化审计问责。

专家提示 4
外部审计人员转职成为内部审计人员，需要做出哪些努力?

外部审计人员想要转变成为一名优秀的内部审计人员，需要做到以下两点。

一是要转变审计思路。内部审计与外部审计在审计目标、审计程序方面是有较大区别的。外部审计一般是针对财务报表数据的真实性及可靠性做出评价，并提供合理保证；而内部审计则更侧重于财务数据对企业的经营政策、盈利模式和目标达成等方面造成的影响，增强企业的长期持续经营和发展能力。因此内部审计工作中，系统性的财务审计并不常见，多数情况下是针对被审计单位的内部控制缺陷、风险管理的薄弱环节等，发现问题并提出审计建议，以此建立起完善的企业内部控制制度，为实现企业增值目标提供帮助。需要注意的是，系统性的财务审计少见并不意味着内部审计人员无须掌握财务审计知识，因为财务审计是进行内部审计工作的根基，缺乏相关财务审计知识会阻碍后续审计工作的质量和效果。

二是要了解行业运作模式。内部审计是帮助企业改善内部控制、风险管理和治理过程的效率和效果的。从自身来讲，整个企业像是一棵参天大树，而各个业务则构成了树的根，深深扎入土壤为企业汲取能量。内部审计人员只有充分了解并熟知企业的各个业务流程及循环，才能更好地做到防患于未然，保证企业长久发展。从行业来讲，审计人员还需要在市场层面进行数据搜集，并进行横向对比，熟悉主要竞争对手的行业动向与经营策略，从而更有针对性地查缺补漏，为企业在战略形成、战略实施和战略调整方面提供决策建议。

专家提示 5
关于案例中发生的冲突，良好的沟通对内部审计具有什么意义？

内部审计人员需要跟不同部门、不同职级的人打交道，缺乏必要的沟通技巧是很难展开工作的。《中国内部审计准则》中规定：内部审计机构应当建立审计结果沟通制度，明确各级人员的责任，进行积极有效的沟通。这意味着内部审计人员需要具备沟通技巧，这是会计准则中尚未规定的。内部审计人员态度太软，容易被轻视；态度太强硬，会招来抵触、记恨。这就需要内部审计新人在工作中，不断地总结经验，从而做到把握分寸，只有这样才能够与被审计单位相互尊重、相互配合。本案例中，审计总监起初并未做到与B公司和集团董事会诚恳、有效地交流和追加审计工作，这样只会增加他们的猜疑与不理解，甚至降低了未来的合作意愿。在最后，审计总监积极主动沟通了相关情况，使各方人员了解了问题的产生原因以及处理方式，在一定程度上提升了内部审计部门的可靠性，从而有利于内部审计部门地位的提升。

内部审计是否被人利用

内审，不止于增值。

——林云忠

15.1 / 案例背景

　　L 集团审计部部长龚正在午休时，接到了 A 分公司总经理孙某的电话，孙某来势汹汹，不停对其进行责问。对这通"来者不善"的电话，龚正早已习以为常了。

　　事情要从半年前说起，集团常务副总对集团十几个分公司巡视检查工作，并约谈了每个分公司各部门主要负责人。检查 A 公司时，发现该分公司管理工作存在一些问题，其实这类问题每个分公司都或多或少存在。集团常务副总在与 A 公司各部门负责人谈话后发现，多数部门负责人对 A 公司老总孙某存在不同程度的意见。孙某是五个月以前空降到 A 公司的，虽然工作勤勉负责，但管理能力还有所欠缺。由于刚来 A 公司不久，孙某频繁插手各部门的指挥工作，常常让各部门经理很没面子，觉得领导对自己很不信任。

　　集团常务副总了解完情况后也对 A 公司孙总十分不满，要求集团审计部对 A 公司从严审计。龚正虽然知道常务副总带有个人情绪，但审计部在集团内一直受总经理的领导，而常务副总是总经理最信任的高级助手，只能服从其安排。于是，审计部抽调人员，组成专项审计小组，对 A 公司大大小小的问题都进行了详细审计，对每个审计发现都获取了充分证据，并就审计出来的问题与 A 公司人员进行了沟通，审计报告也征求了 A 公司的意见。A 公司及其总经理孙某对这些审计发现和报告处理意见的态度始终不冷不热，并没有做过多的解释。审计报告提交后，集团副总经理批阅："依据审计部门提出的处理建议，对 A 公司总经理孙某进行全集团通报批评。"行政部依据集团副总经理的批阅下发了对孙某的处罚通报。

处罚通报公示之后，A 公司总经理孙某十分不满，打电话质问当时的审计部部长龚正。

孙总："是这样的，公司审计部对我做了个通报批评，我想问问你为什么？"

龚正："孙总，事情应该这样说，通报批评是公司行政部的作为，审计部没权利对你进行任何处罚，只有建议权。"

孙总："可他们都说这个文件是审计部做出来的。"

龚正："我再次跟你说，审计部不会对任何人作出处罚，我们的文件就是审计报告，审计报告是征求了被审计单位意见的，我们所写的审计问题当时也是你认可了的啊。"

孙总："审计报告我是看过了，但这些问题都是你们写的。"孙总重新对已落定的问题进行辩解。

龚正："孙总，我们所写的每个审计发现都是获取了充分证据的，如果你觉得有问题，你可以申请复审啊。"

孙总沉默了一下，然后说："即便有这些问题吧，这些问题我们集团哪个分公司没有？何况我的这些问题又不是很严重的事，为什么十四个分公司，单单对我们分公司作通报批评？而且是对我个人？"

龚正："孙总，问题又回到开始了，我说了处罚的事不在审计部的工作范围，你应该去问行政部或公司领导，既然是对分公司总经理的处罚，肯定有领导审批的。"

孙总："我打了电话给大老总了，他说要我觉得有问题就写申诉文件上去。"

龚正："那你就按大领导意思，写申诉文件啊，不过我提醒你一句，正像你所说的，为什么十四个分公司，单单通报批评您一个人，请三思！"

听到这里，孙总狠狠地挂断了电话。①

---

① 案例素材选自刘北平、张大春在中国会计视野上发表的文章《隐形杀手——被审单位兴师问罪》，内容有删改。

15.2
讨论情景及专家点评

在这个案例中，审计部的做法是否正确呢？审计人员面对可能被领导利用的情况应该如何应对呢？当地内部审计协会了解这一情况后，本着服务内部审计单位、帮助内部审计机构解决遇到的问题的目的，出面组织了一次专家研讨会，针对出现的问题展开讨论，讨论主要围绕以下五个主题进行。

讨论主题 1
面对公司领导的"特殊要求"，内部审计人员应该如何开展工作？

内审 A： 审计人员在这个事件中被领导利用了，这就不能算是一个按审计计划实施的项目，而是集团常务副总巡视发现问题后要求的临时项目。审计人员要按制度办事，应该有计划，不能因为领导的一句话就对某个事项进行审计，对 A 公司的处罚也不公平，说不定其他公司也存在这些问题。

内审 B： 制度永远都不是解决问题的最终方案。制度是死的，内部审计人员身处的环境使他们不可能对领导的话置之不理，况且企业内部审计作为公司治理的主体之一，在领导的统筹管理下进行工作也无可厚非。

内审 C： 我不同意你的观点，虽然内部审计工作的本质是为了公司治理达到更好效果，但这个事件中集团常务副总是带有情绪的，因为谈话时对 A 公司总经理不满意才交代审计部从严审计，审计部明显是被利用了。审计工作应该保持独立性、客观性，内部审计机构和人员在进行内部审计活动时，不应存在影响内部审计客观性的利益冲突的状态，应保持以事实为依据，保持公正、不偏不倚的态度。

内审 D：被利用不可怕，重要的是，审计人员在被利用的时候要知道什么是对的什么是错的。是否被利用，我们无法控制。但至少在被利用的时候，不要以为自己是正义的。对领导提出的"特殊要求"，审计部应该有自己的独立思考，在审计工作中一定要把握原则，尊重事实，绝不只看领导的眼色，对被审计单位落井下石。相反，在适当时候，特别是在领导别有用心的时候，还应保护被审计单位。

专家点评

观点不是很统一，但都是为了企业的发展考虑。隶属于管理层的内部审计部门，独立性确实会受到一些影响，但是客观公正应始终是内部审计人员坚守的原则，有理才能服人。从 1947 年至 1999 年，国际内部审计师协会（IIA）先后七次对内部审计定义进行修订，最终以"独立性与客观性"取代了此前所有定义中的"独立性"，并列作为内部审计作用发挥的前提保障。独立性与客观性是内部审计工作开展的基本前提，是内部审计人员所必备的品质。我们建议内部审计人员在工作开展过程中，在考虑公司治理需要的基础上，遵守独立性原则，同时保持客观公正，这样才能有利于企业的稳定和发展。

讨论主题 2
内部审计在公司中的定位是什么？内部审计在公司治理中应该发挥诊断功能还是处罚功能？

内审 A：我认为内部审计人员的工作定位是查错纠弊、通过审计检查企业是否存在问题，对于检查的过程和出现的问题形成审计报告，并上报上级。审计检查出了 A 公司孙总存在的问题，并进行上报，这是合理的，充分地发挥了审计的监督检查职能。但在提交审计报告时，若是根据集团常务副总的意思而提出审计处理建议，则审计就被利用了。内部审计人员应该自己把握原则，发挥诊断功能，坚守本分，而不是看领导脸色决定自己的工作应该发挥什么样的功能。

内审 B：我认为内部审计应该做好企业的一名"保健医生"，充分发挥自己的诊断治病功能。内部审计要做的是发现问题，然后提出建议使企业能够更好地发展。审计人员不能仅根据集团常务副总的要求，就对某特定公司从严从细进行审计。

内审 C：内部审计的工作定位主要是对公司、部门的经营管理过程、财务收支等进行审查、取证、分析和评价，客观地作出结论，并针对如何能够更好地改进提出建议。我认为内部审计在公司治理中不应有处罚功能，是否处罚应该是由领导决定的。从前面的叙述中可以发现，在本次审计工作过程中内部审计显然是被利用了，虽然不是审计部进行的处罚，但审计部给出了对个人的处理建议，在外人看来，就是内部审计在行使处罚功能，不利于内部审计以后工作的开展。

内审 D：从内部审计的组织定位看，内部审计应立足于企业全局，以参与、合作的态度，定位成企业的服务部门。如果把内部审计定位成"内部警察"、监督部门，时间长了会导致内部审计工作得不到其他部门的支持，因为没有人会愿意被监督、受处罚，且查错防弊只是内部审计工作的一小部分，内部审计也应该服务或者辅助管理层履行管理职责。我认为内部审计的定位应该是企业的保健医生，为企业"诊断治病"。内部审计不是为了处罚，而是为了发现问题、解决问题，帮助企业能够持续、稳定、健康地发展。

专家点评

　　四位的观点比较相似。确实，内部审计在企业中应该充分发挥自己的诊断治病功能，做企业的良医。内部审计人员不能被人利用。对企业进行诊断、帮助企业解决实际问题、参与到管理过程、协助提高企业的整体管理水平才是内部审计的正确目标。国际内部审计师协会的《内部审计实务标准》中指出：内部审计是一项独立的、客观的确认和咨询活动，旨在增加价值和改善组织的运营，帮助组织实现其目标。由此可见，内部审计并不具有处罚功能，而是通过对企业以及相关活动的审查、分析和评价，提出相关改进建议，提供咨询服务，帮助企业员工提高工作质量，为企业创造价值。

讨论主题 3
内部审计报告应该有哪些质量特征？如何提高内部审计报告质量？

　　内审 A：内部审计人员在执行审计工作时要保持自身的职业道德与素养，保持审计的独立性。依据公司常务副总临时的、并非很公正的审计要求开展审计工作，本身就与内部审计人员的行为准则相悖。始终坚持独立性应是内部审计人员的工作原则。只有在独立性原则的要求下，内部审计报告的出具才能有理有据，使得公司员工信服。提高内部审计报告的质量，从而提升内部审计部门在公司中的地位、激发内部审计人员工作的积极性。

　　内审 B：首先，一份高质量的内部审计报告应当实事求是，抓住"实"这一字，对审计过程中发现的问题都应当如实反映出来，不受公司的内外部环境因素的影响，保持客观公正。其次，对于发现的重要问题，在内部审计报告中都应该进行严谨的描述，要在充分可靠的证据支撑下，并经过了透彻的分析之后，才能体现在内部审计报告中。最后，对于出具的内部审计报告，要有完善的复核机制，并且经过复核后的审计报告都应当由主管领导审批。只有这样，内部审计人员才不惧怕他人的质疑。

内审 C：内部审计报告质量特征就是客观、公正、准确地反映被审计单位实际情况，内部审计报告质量的提高需要内部审计人员在审计的准备阶段、实施阶段、报告阶段以及后续阶段都要做好相应的质量控制程序，如合理地确定审计组的成员、避免产生利害冲突或者偏见、保证审计人员的客观公正、制订合理可行的审计计划、有效落实审计目标以及审计程序、规范审计工作底稿的编制和复核工作等。

内审 D：对于内部审计人员来说，一定要保证内部审计的质量。因为如果公司管理层根据内部审计报告对被审计人员进行了处罚，当事人进行申诉，这时如果我们的审计报告存在质量问题，那将会给内部审计部门造成致命打击。只有客观公正并有价值的内部审计报告才能证明内部审计工作的质量，低质量的内部审计报告只会给我们带来问题和麻烦。

专家点评

内部审计报告是审计人员与被审计部门人员之间的一座桥梁，也是审计结果的最终体现。从四位从业人员对内部审计报告的讨论中可以发现，内部审计人员一定要保证内部审计报告质量，在审计中保持独立性，实施内部审计全过程质量控制，才能提高和完善内部审计报告质量。只有形成高质量审计报告，才能在审计报告的后续阶段，避免被他人质疑，并能够不断提升内部审计的管理水平。

讨论主题 4
内部审计面临的人际关系困境有哪些？企业及内部审计人员应该如何应对？

内审 A：内部审计部门与其他部门一样，是个职能部门，但二者又是审计主体和客体的关系，这必然会导致复杂的人际关系。被审计部门既要把内部审计人员当作同事，又要忌惮其对自己工作的审查，怕自己被贴上问题标签，受到批评和处罚。所以内部审计部门在整个组织架构中处于比较尴尬的地位。要想改变这种困境，首先管理层要恰当设置内部审计的模式，确定其到底是由总经理领导，还是监事会领导；其次，内部审计人员要改变自己对内审的定位。内部审计部门本质上是一个服务部门，与其他部门是合作关系，而非管理关系，以此来缓解内部审计部门的人际关系。

内审 B："你查我就是跟我过不去"的心理认知，很容易让内部审计人员受到被审计部门的排斥。其实内部审计部门的工作都是接受管理层的安排，也是该部门主要职责，这是"制度关系"，但被审计部门往往将其当成"人际关系"来看待，一方面是制度意识的缺乏，另一方面是人情关系的影响。为了从心理上改善这种抵触情绪，首先，公司应该强化职工的制度意识，强调客观、理性、公正、不要带情绪解决问题；其次是内部审计人员正确向其他部门介绍内部审计，即我们不再是来查问题、找毛病的，而是根据被审计部门的需求提供服务，并根据实际需要不断调整审计范围和方法，以此来改善内部审计部门的不利境地。

内审 C：我同意你的观点，另外，当内部审计人员的专业性受到被审计部门质疑时，也会使内部审计处于工作不被配合、意见不被接受的尴尬处境。因此，内部审计人员应当提高其专业能力，保证工作质量，同时，内部审计部门可以邀请被审计部门的人员一起参与审计工作，对重要事情进行沟通和协商，营造和谐融洽的氛围，建立信任关系，在审计报告中要肯定被审计人员的努力，不要过分强调差错和缺陷，多采用建设性的措辞。

内审 D：内部审计部门与管理层的关系也比较微妙。内部审计部门的工作都是来自管理层的安排，但也有可能被管理层利用。如果管理层出于公司利益，发现其问题并解决问题倒是无可厚非，但如果管理层出于个人目的，如不当竞争，要求内部审计部门不顾事实对某部门出具不当审计报告，则内部审计部门既违背了自己的工作原则，也不会为公司整体带来利

益，还会替领导担责。因此，内部审计部门应当保持独立性和客观性，遵
循自己的工作原则，尊重客观事实，出具恰当的审计报告，不能看领导脸
色办事。如果遇到被利用的情况，应当与上级认真沟通。

专家点评

　　四位都说得有道理，内部审计由于自己工作客体和职能的特殊性，确
实会面对较为复杂的人际关系，可能会受到被审计部门的"白眼"，可能会
被领导利用。但是内审部门及人员应当站在公司整体利益的角度，当好管理
层和各职能部门的纽带，在工作中保持客观和独立，严格遵循自己的原则，
执行审计工作，与被审计部门友好沟通，重大问题共同协商，优点与问题并
重，整体上做到"不卑不亢"，发现管理体制中存在的问题，提出建设性意
见，切实保护公司整体的利益。

讨论主题 5
内部审计如何在公司治理中更好地发挥作用？

　　内审 A： 内部审计为了避免以后更多地"被推出来"，就需要着手解
决内部审计的制度建设问题，需要明确内部审计的检查职能和管理职能。
内部审计人员需要对企业经济活动做出客观公正的评价，不能受到外部因
素的影响，审计人员不能因为某些领导的指示就写出怎样的报告。审计人
员需要按制度办事情，要做到一视同仁，这样才会有权威性。同时，内部
审计部门需要拥有更高的独立性，需要完善企业内的授权分权机制、职务
分离机制。只有保证了内部审计部门的独立性和权威性，才能避免开展内
部审计工作时受到干涉和掣肘。

　　内审 B： 很多人都不愿意从事内部审计工作，很大程度上是因为在企
业中，内部审计部门的重要性被削弱了。很多公司领导和人员没有很好理
解内部审计工作，认为内部审计就是个形式上的过程或者是约束领导权力

的制度，他们对于内部审计工作都带有一定的抵触心理，并没有意识到内部审计能够帮助企业提升经济效益。这使得内部审计部门的重要性大大降低。同时针对内部审计人员并没有一个完善的晋升机制，很多内部审计人员看不到未来的前途，进而选择离开内部审计行业，这也导致内部审计人员十分匮乏。如果想让内部审计在公司治理中发挥积极作用，就必须解决上述问题，高层领导要重视内部审计的作用，支持内部审计开展审计活动，推动审计整改的贯彻落实。

内审 C：选择有效的内部审计管理模式。内部审计到底是由董事会领导、监事会领导还是总经理领导，这个取决于公司的治理目标和体系。在制定内部审计管理模式的时候，要考虑其能否保证内部审计部门的独立性，能否充分发挥监督职能，内部审计部门的工作能不能切实提高企业的管理水平、为企业带来经济效益，毕竟其地位决定了其职能范畴。

内审 D：将内部审计与风险管控相结合。风险管理也是公司治理的一个主要目标，随着公司经营环境的变化，内部审计融入了风险管理理念。站在风险管理的视角，内部审计应当加速审计模式的转型，对风险管理各个环节进行评价，及时识别、分析并应对风险，促进公司完善风险管理体系，提升风险管理水平，更好地进行公司治理。

专家点评

从这些内部审计人员的自身体会来看，要想使内部审计部门在公司治理中更好地发挥作用，内部审计部门需要不断完善制度建设，逐步提升内部审计部门的独立性和重要性。同时公司针对内部审计部门要出台更明晰的晋升机制，以保证内部审计人员工作的积极性，使得他们能更好地为公司服务。从内部审计部门在整个治理体系中来看，公司应当恰当设计内部审计的管理模式，保证其独立性和职能的充分发挥。另外，随着公司经营环境的改善，内部审计也应当融入风险管理理念，对整个公司治理体系进行风险的识别与防范，提升公司价值。

15.3
延伸思考

　　这是一个关于内部审计被利用的审计案例。本案例中需要讨论的问题还有很多。比如对 A 公司从严审计后发现问题，而对其他分公司的审计标准较低，虽然 A 公司确实存在问题，但这样的处罚对 A 公司公平吗；如何让更多人认识到审计并没有处罚权，减少其他部门对审计部门的误解；内部审计被领导利用究竟是好事还是坏事；面对被利用，内部审计人员如何更好地保护自己；内部审计人员在面对责难时如何与被审单位更好地沟通；如何进一步健全公司的内部审计制度；等等。这些问题都值得我们深入思考。

　　在审计实务中，内部审计被利用的情况可能会有很多。当内部审计成了领导的工具，使其他人认为内部审计部门对其进行了处罚，内部审计部门在公司中的处境将会变得尴尬。内部审计人员提高自身能力、保持客观独立以提高内部审计报告质量，同时保持良好的沟通能力就显得尤为重要。具体可参考《第 2306 号内部审计具体准则——内部审计质量控制》和《第 2305 号内部审计具体准则——人际关系》。希望通过本案例的相关分析讨论，审计人员能获得一些有益的启发，学会举一反三，更好地解决实务中的相关问题。

内部审计怎样才能
成为领导的"贴心人"

聚焦主责主业，立足经济监督，提升质量效率，推动内部
审计高质量发展。

——朱江

16.1
案例背景

　　刘涛是 H 集团公司的审计部部长，今年 40 岁，工作非常认真，担任审计部部长 6 年了。刘涛大学本科阶段学的是财务，硕士阶段学习的是会计，参加工作后就一直在集团审计部，从担任审计员、审计助理一直到担任审计部部长，从来没有离开过审计条线，具有很强的专业能力，年纪轻轻就成了注册会计师，他自己觉得审计工作对他来说得心应手。可是最近他受到深深的困扰，在审计工作中屡屡受到董事长的批评。

16.2 事件过程

　　在全公司年度总结会上，董事长做全年工作总结，对全公司上一年的工作进行了回顾，对业务发展、客户关系管理、风险控制、人力资源建设，以及生产、销售、基建、产业转型都做了详细的总结，但对审计工作整个工作报告都没有提及。刘涛坐在会议室里，感到众人的目光都聚在他身上，他觉得如芒在背，非常郁闷，就小声问旁边的办公室主任："老兄给董事长写全年工作报告的发言稿，是不是把我们的工作给漏了，董事长的报告怎么没有提审计工作？"办公室主任说："兄弟，我在写董事长年度工作总结的发言稿时，怎么会忘记写你们审计工作，况且这审计工作是董事长主管的。实话说，年度工作报告是体现每一个部门和分公司全年工作成绩的，作为办公室主任，我会提到每一个部门和分公司的重点工作，给各部门一个交代。董事长让我把这次工作总结里的审计工作内容都删掉了，具体原因我也不知道。"

　　刘涛听了办公室主任的话，心中非常失望，不禁想起了最近董事长的一系列言行。

　　在一次审计委员会会议上，董事长对审计委员会成员及审计部参会成员说："内部审计工作很重要，是公司安全运行的保障，你们审计工作的好坏，直接关系到公司的发展，要把有限的审计资源用到最需要的地方，为公司战略保驾护航。如果内部审计没有作为，那么你们内部审计部门就没有存在的价值了。"

　　还有就是在公司中层干部会议上，审计部部长刘涛汇报季度审计工作开展情况，刚讲了几分钟，董事长就打断了刘涛的汇报，直接说："你讲的我都清楚，讲一些我不了解的，特别是最近如何加强生产、销售的风险管理；在安全生产中，如何能够让员工合规操作；如何能够在开拓市场过程中，减少信用风险损失。"

　　还有就是刘涛向董事长汇报关于开展财务费用报销情况的审计时，董事长接过刘涛准备的足有几十页的审计报告，简单翻了一下，就放在旁边，对刘涛说："你简单地把这次审计的情况汇报一下，重点说存在的问题和改进措施，给你十五分钟。"刘涛就从财务报销的制度建设、流程设计、执行、风险控制等逐条进行讲解，由于时间限制，每一条只讲了标题，重点不突出。董事长听了一会儿，就说："刘部长，时间快到了，剩下的我自己抽时间看，有什么问题，我再找你。"刘涛尴尬地说："好的，董事长，不耽误您的时间了。"可过后很长一段时间董事长也没有提及审计报告的情况。

　　刘涛想到这些，深深地感到了董事长对审计工作的不满意，感到了危机，感觉到为企业创造价值的必要性。刘涛决定在审计部开展一次"如何做好审计工作，成为领导'贴心人'"的大讨论，彻底改变目前的被动局面。

16.3
问题分析与解决过程

刘涛利用两周时间组织审计部员工学习了《集团内部审计准则》《集团内部审计章程》《内部审计工作法》以及近三年在杂志上发表的内部审计先进经验的文章。并且刘涛亲自联系省优秀内部审计单位 ABC 集团审计部总经理和山水集团审计总监，到 H 集团来举办现场讲座。刘涛组织全体审计部员工认真听取两位内部审计先进单位内审负责人讲述如何做好审计工作，如何让领导认可内部审计工作。

在组织审计部全体员工学习的基础上，又经过一周的精心准备和充分的酝酿，讨论会如期进行。在讨论会上，刘涛指出，在过去的几年里，内部审计工作在部门全体员工的努力下，取得了良好的成绩，在公司治理、风险控制、内部制度建设上发挥了积极的作用。审计部查处了很多违法违规的事件，完善了一系列的制度和流程，重点加强了财务会计方面的监督和合规行为的审计，为集团的发展作出了贡献。但是审计工作面临着环境的变化，审计工作的重点和目标也会随之变化，审计在发挥监督作用的基础上，还有评价和咨询功能。另外，领导对于审计工作的期望越来越高，审计工作也需要不断调整，提高审计工作的质量。目前审计工作遇到瓶颈和困难，需要审计部员工共同想办法，改变目前的局面。借此讨论之机，刘涛抛砖引玉，提出几个问题，供审计部员工讨论，并积极发表看法和建议。

1　领导需要什么样的内部审计？

2. 作为第三道防线，审计工作的重点是什么？如何安排审计重点工作？

3. 如何能够成为领导的"贴心人"？

4. 审计成果如何总结？如何能够让领导一眼就喜欢上你的审计报告？

5. 向高层领导汇报什么？如何能够引起领导的兴趣？

刘涛强调说："我们今天开的是内部会议，是关系到我们审计部未来发展的前途，也是每一个审计人员未来职业发展的关键，所以大家都要畅所欲言，结合前一阶段我们的学习心得，认真进行讨论，多提意见和建议。"

审计部副部长王杰首先发言，他说："近几年我们所做的项目和前几年都一样，没有根据经济环境的变化而进行改变，还是以传统的财务审计为主。每年安排的审计项目，都是审计部自己来确定的，没有征求高层领导的意见。所以，审计开展的审计项目虽然不少，但是能够真正创造效益的不多。领导希望审计要根据业务发展和环境的变化而变化，根据高层领导关心的事项，安排审计项目和确定审计重点，需要审计人员能够及时发现业务发展中的风险和关系到战略发展的事项，注重员工道德风险，以及管理中存在的问题。领导希望审计人员能够作为他们的眼睛，不断发现问题、解决问题，为他们分忧。"

审计部的资深审计主管陈坤说："我做审计很多年了，审计就是根据审计计划和流程来做项目，审计项目根据审计经验和去年发现问题的多少来确定，或者是领导让我们审什么，我们就审什么。审计部门的主动性不够，没有认真分析公司可能存在的问题和风险，没有抓住领导关心的主要问题来开展审计工作，造成审计投入资源多、收效少的情况。所以，我们审计人员不能一味'低头拉车'，还要'抬头看路'。"

"刘部长，我觉得陈坤说得对。"财务审计科的赵云科长把话头接过来，"我们内部审计人员向来是根据经验开展审计，由于我们大部分都是财务专业，或者是从财务部转行来做审计的，对于财务比较熟悉，所以安排财务审计项目比较得心应手，做得也快，也容易发现问题。我们没有从全局来考虑，多做一些管理审计和制度审计，多开辟一些审计的领域，提升一些新的审计技术的能力，综合成效不足。况且，目前企业经营已经多元化，特别是大数据时代，企业面临的风险很多，领导更关心经营、生产安全，而不仅仅是财务效益。"

"领导们都非常忙，没有时间看长篇大论的审计报告，审计报告写得再多、再全，领导不看，不了解我们的审计成果，我们的审计绩效就为零。我们辛辛苦苦做出的报告、发现的问题，不会起到任何作用，这种费力不讨好的工作，我们还是少做。我建议审计报告要简练，将重要的问题讲出来就可以，篇幅不要太长，最好做成审计摘要报告，层次分明，问题讲得透彻，措施有力，将详细报告作为附件。领导看报告的同时听汇报，可以使审计结果重点突出。"审计员小华如是说。

会议气氛热烈，大家将近一个月的思考一股脑儿地说出来。会议期间有激烈的争论，其中争议比较多的是评价审计成效的标准是什么。有的说是审计发现问题的多少，有的则说是审计能否让领导满意。还有就是审计如何进行立项，怎样才能精准发现问题。刘涛听着大家的发言，不停地记着笔记，在此期间也参与讨论。通过审计人员的畅谈，未来审计工作的开展规划和工作思路逐渐在刘涛心中形成。

16.4
回顾与思考

　　刘涛通过大家的讨论，深深认识到审计工作不是简单的查账工作，而是一个系统工程。内部审计工作的质量是企业安全生产、取得盈利，以及最终实现股东价值和承担社会责任的保障，审计工作需要获得高层领导的重视和认可。通过本案例，内部审计人员需要重点思考和回答以下几个问题。

　　1. 审计的目标是什么？

　　2. 如何能够成为领导的"贴心人"？

　　3. 在有限的审计资源下如何能够发挥最大的效能，安排审计项目，让领导认可？

　　4. 你作为审计人员，是否同意不能一味地"低头拉车"，还要"抬头看路"的说法？如何才能实现？

　　5. 你如何看待综合审计成效不足？审计成效判断的标准是什么？

　　6. 领导喜欢什么样的审计报告？如何撰写领导认可的审计报告？

16.5 专家提示

专家提示 1
审计如何能够取得审计成效?

这是做好审计工作首先要解决的问题。解决这个问题要明确以下几点。

一是要想取得审计成效就必须根据内部审计准则的规定,做好内部审计工作。具体的就是通过审计的监督、咨询和评价活动,保证内部审计机构合规合法经营,减少资产损失,增加企业价值。

二是要想取得审计成效就必须更好地促进企业的经营发展,内部审计人员采取分析、观察等方法,及时发现企业生产经营过程中存在的风险和管理缺陷,并加以改正,促进企业能够健康,同时,维护股东的利益,履行社会责任,推动企业技术进步,为企业和社会创造价值和效益,节约企业资源和社会资源。

三是要想取得审计成效,内部审计人员就必须利用发展的眼光,顶级的视野,先进的技术,积极和准确地识别风险、管理风险,利用风险创造价值,避免出现经营失败,影响业务发展。积极推动员工关系管理,和谐共赢,保障员工利益;保证企业合规合法经营,消除企业经营过程中的麻烦,避免生产经营中存在的不利影响,促进内审机构所在企业健康发展。

内部审计能够立足本职工作,让企业和领导远离"麻烦",使企业和领导能够全身心投入生产经营中去。

专家提示 2
如何能够成为领导的"贴心人"？

要想成为领导的"贴心人"，需要做好如下几项工作。

一是要知道领导需要什么样的审计工作，着眼点在哪。领导希望内部审计人员有顶层视野，可以从宏观和整体把握审计方向，要有和高管一样的眼界，看问题有高度一致性；要有系统思维，要统筹考虑，不能顾此失彼；要有专业技能，有能力发现问题、解决问题，对于复杂的问题能够深入了解其本质特征；要有跨界优势，要是多面手，对于不同的业务和领域都有深刻的认识，都能够开展审计工作，既是专才又是通才；有协调能力，要和不同的业务部门、不同的人员打交道，能够统筹协调不同的部门、业务、人员，提高工作效率；要有良好的写作能力，做"三会人才"，即会做、会说、会写。

二是要关注领导关注的审计重点、员工热议的焦点、管理工作中存在的难点。审计重点、焦点、难点，让领导了解重点工作开展情况、可能面临的风险状况、取得的效益；同时发现管理的难点，找到难点存在的原因、造成的影响、可能采取的解决方案、克服管理难点的措施和可能取得的成效。员工热议的焦点是员工关心的、与员工息息相关的重点工作，关系到每一个员工的切身利益。重点、焦点、难点问题的解决可以极大地提高员工的工作积极性，取得良好的成效。

三是作为领导的眼睛，去发现问题、揭示问题，通过内部审计工作的开展，提高企业内部工作效率，消除潜在的风险，提供利于领导决策的数据和资料，让领导放心。

专家提示 3

在有限的审计资源下如何能够发挥最大的效能，安排审计项目，让领导认可？

对于这一问题，关键是如何选择审计项目，如何将审计项目做出成果。

首先是了解领导关心、关注的问题以及对于企业起到关键性作用的问题。比如，企业在疫情下如何能够取得生产资金；在对外出口限制的情况下，如何快速提升国内市场份额，获得客户；如何通过技术进步来提高生产效率，降低生产成本等。审计部门应着眼于领导关心的重大问题，通过审计让领导了解重大问题的实际情况、产生的原因以及解决的途径。

其次是根据风险热力图展现的风险集中的情况，将有限的资源安排到企业风险高发的领域、环节、产品中去，利用著名的"二八定理"，找到少数影响企业健康发展的关键因素和关键事项。这样安排审计项目，可以起到事半功倍的效果。

最后是审计人员需深入开展工作，真正揭示企业经营过程中存在的影响企业健康发展的潜在风险、经营过程中存在的违规违法行为、内部控制存在的重大缺陷、危害资源和环境的重大过失等。审计人员通过审计能够切实解决企业运营中存在的问题，达到"治未病"的结果，降低损失，增加效益，使企业健康运行，科学发展。

专家提示 4

你作为审计人员，是否同意不能一味地"低头拉车"，还要"抬头看路"的说法？如何才能实现？

不能一味地"低头拉车"，还要"抬头看路"讲的主要是方向与努力同样重要。审计要把握好方向，才能取得良好效益；方向错了，越努力，损失越大。这就是"1"和"0"之间的关系，没有"1"这个方向，再多的"0"也是没有用的。要想能够实现内部审计做领导"贴心人"的目标，就需要把握好审计的方向。具体要做好以下几个方面的工作。

一是坚持内部审计为企业服务的宗旨，站在管理者的角度，对企业经营活动和员工行为进行监督，评价标准以合规合法、有利于长期企业发展为原则。

二是"抬头看路"，了解领导的管理意图和需要实现的管理目标。这两点可以通过研读公司战略，分析公司的阶段性目标以及领导讲话、工作报告、会议纪要、与领导的交流等多种方式获得，并且能够通过认真总结提炼，并在征求各级管理者意见的基础上形成。

三是在"抬头看路"的基础上，还需要"低头拉车"。审计工作比较琐碎和复杂，审计线索千头万绪，审计人员需要有很强的定力和决心，才能在审计工作中取得成绩，成为领导满意的"贴心人"。所以，要想做好审计工作，只有正确的方向还远远不够，还需要审计人员的辛勤努力。对任何一个线索和问题不放弃，不断探索，才能探出真相和本质，为解决问题和提高审计质量奠定基础。我们在审计的征途中，看到太多半途而废、敷衍了事的现象出现。没有坚持和努力，就不会有丰硕的成果。

专家提示 5
你如何看待综合审计成效不足？审计成效判断的标准是什么？

关于综合成效不足的问题，大家讨论得比较多，我们认为这是审计环境发生了变化，对于审计的要求不同造成的。首先，企业不再是单个的企业，而是集团化的公司，业务也不再是单一产品而是相对复杂的系列产品，涉及行业比较多，面临的经济环境复杂多变、风险多样，不确定性增大，影响企业正常经营的因素多种多样，遍布生产销售的每一个环节和领域。所以，领导关注的领域已经从财务转到生产经营的全过程，由细节管理转到关键事项管理。内部审计部门也要适应这种变化，在审计范围上与领导管理范围相适应，在审计项目管理上，注重多元化，在审计成果提炼上要考虑不同层次领导的需要。内部审计要紧跟时代的步伐，一切以企业发展需要为标准，多维度、多渠道服务企业、服务领导。

审计成效的判断标准就是是否能够促进企业的业务发展、是否能够降低业务风险、是否能够减少资产损失、是否能够维护企业的利益、是否有利于企业的稳定和长足发展、是否能够满足管理者管理的需要等。

专家提示 6
领导喜欢什么样的审计报告？如何撰写领导认可的审计报告？

关于领导喜欢什么样的审计报告这个问题，审计人员可以从报告的形式、报告的内容两方面考虑。首先是报告的形式。领导大都有很多具体工作，时间非常宝贵，希望能够看到简明扼要的审计报告，不喜欢看到没有重点、像记流水账一样的审计报告。审计报告不是越长越好，也不是报告问题越多越好。审计人员最好能够将审计报告控制在几页纸之内，将重点的问题说清楚就行了。另外，审计报告要重点明确，要精炼，对重要问题详细论述，对一般问题汇总并一笔带过。在审计报告前可以附一两页的审计报告摘要，让领导从摘要中就能了解审计报告的内容。审计报告的内容是审计报告的关键点，内容要有事实、有原因、有分析、有整改措施，要有总结和提炼，不能像流水账。审计报告的内容还要有取舍，影响企业发展和经营安全的问题要作为重点，日常细节性的东西要汇总提炼，上升到管理高度。审计报告重在事实，少用修饰。

要想写好审计报告就必须重视审计人员的培养，提高审计人员的业务素质和政治素质，鼓励审计人员掌握更多的专业技术、熟悉企业的各项业务、深入了解企业运营过程中的每一个环节、懂得国家宏观经济形势的变化，培养会管理、善营销、会算账的审计专业人才。同时，审计部门还要广泛采用新的审计技术手段，运用大数据技术和 AI 智能技术，提高审计精确指导的能力，准确发现问题、提炼问题。审计人员还要有良好的写作能力，可以加工、提炼、分析审计发现问题，并准确地表达出来，让领导能够快速地了解审计发现的问题、存在问题的原因、解决问题的措施和方案。

内部审计怎样才能
成为职场"香饽饽"

内审工作事关国家发展全局，做好内审工作就是在
夯实国家治理基础。

——高安秀

17.1
案例背景

  D 地方商业银行是东部沿海地区一家城市商业银行，在全省每一个地市都设有分级机构，全行在职员工有 3 200 人，资产规模达到 5 600 亿元。D 地方商业银行在总行设有审计部，在 11 个地市设有 4 个审计分部，共有审计人员 22 个。审计部在审计委员会的指导下开展工作，向董事会、监事会、行长报告工作。董事长主管审计部，审计部总经理是李广，他是高级审计师，从事审计工作 13 年，工作认真负责，连续多年被评为先进工作者。

  李广今天一上班就接到监管部门对 D 地方商业银行的年度监管意见，其中有一条是审计人员配置不足。根据《商业银行内部审计指引》要求，内部审计人员最低要求达到全行总人数的 1%，需要达到 32 人，目前只有22 人。由于人数不足，监管部门认定审计部没有足够的人力资源履职，不能很好地开展监督工作，责成审计部门进行整改。

17.2 事件过程

　　D 地方商业银行的监管部门是 D 市银保监局。D 市银保监局每年都要派出检查组进行监管检查，检查内容涵盖 D 地方商业银行公司治理、股东管理、风险管理、内部控制，以及业务发展状况、资产质量、盈利状况等现场和非现场评价，并根据评价情况，给出年度监管意见，责成 D 商业银行进行整改。正是这次 D 市银保监局的检查，给出了 D 地方商业银行审计人员配置不足，不能有效开展审计监督，需要认真整改的监管意见。D 市银保监局将整改责任落实到 D 地方商业银行审计部，总经理李广感到非常郁闷。

　　李广心里想："审计人员配置不足，是人力资源部的责任，我们做好审计工作就好了，增加人员不是我们审计部门的职责。"李广想到这里就主动找到人力资源部总经理邓龙说："邓总，你看到了吗？市银保监局对我们行的年度监管意见中有一条是审计人员配置不足 1%，要求我们补充。你是人力资源的总经理，要想办法帮助我们解决。这事情是否能整改还是要人力资源来把握，这个是刚性指标，一定要达到全行人员的 1%。我们目前需要补充 10 个人，如果考虑到离职或者调整岗位因素，最少要补充 15 个人。"

　　人力资源部邓龙微笑地看着审计部总经理李广："李总，市银保监局的监管意见我看到了，审计人员的补充我也在考虑，1% 确实是监管部门的硬性规定，我们争取完成。但是，作为人力资源部负责人，我也感到压力非常大。李总，我们人力资源部每年都有审计人员补充计划，甚至还做过 3 年规划，按照规划早该将审计人员配置完成了，但事实是审计人员三年来不见增长，反而还比三年前减少 4 个人，离 1% 的目标越来越远了。"李广说："是呀，审计人员难招，更难留。"邓龙深有感触地说："每一年我们都把招聘的显著位置留给审计部，可是审计部报名人数每年都不多，而且报名的人员更多的是财务会计人员，你们需要的科技、工程、机械、法律等专业的人才基本没有，应聘者往往是大学刚毕业的大学生，没有一点工作经验，马上适应审计工作很困难。可是好不容易招聘来的审计人员入职没几年，就申请调离审计岗位，到业务部门去，还有的直接就离职了，这也是审计人员越来越少的原因。"

　　就在李广和邓龙两个人交谈时，审计部的科技审计主管任我行推门进来，对李广说："李总，找您好久了，原来您在邓总这儿。正好两位老总都在，我给你们汇报一下，我准备下个月离职，到市农商行去，这是我的离职申请书，请两位老总批一下。"李广看着任我行递过来的离职申请书，苦涩地对邓龙说："邓总，你看我们刚才还在讨论审计人员的补充问题，这样看再补充 15 人，可能也达不到监管部门规定的 1% 的要求。这是今年第 5 个离开审计部的，现在刚八月，到年底还有四个月，还有多少离职的也不知道，补充的没有离开的多。"李广回头看着任我行，问他为什么离开审计部门，任我行不好意思地说："我也知道审计部门的人员紧张，审计人员达不到监管部门的最低要求人数，李总您面临着补充审计人员的压力，现在招聘审计人员困难，我也知道。我的朋友早在两年前，就动员我离开审计部，去市农商银行审计部工作，我一直没有开口提出来，最近我朋友给我说，我再不去就不给我保留职位了，因此我才提出要离职，很对不起审计部这么多年的培养，可是我们也面临着升职和赚钱的压力，家里上有老下有小，还有房贷。"

　　听着任我行的离职原因，李广的内心受到了很大的冲击。是呀！审计人员的离职和转岗，很多是审计人员迫不得已的选择，工作的压力大、付出和回报不匹配、高薪酬业务岗位的诱惑、晋升通道短缺，以及生活的压力都是审计人员离岗的原因，更是审计人员难以招到的原因。

　　李广深深感到责任重大，要想做好银行的审计工作，能够为银行创造价值，就一定要先稳定审计队伍，一定要想办法解决员工招聘难、留住更难的尴尬局面，为审计人员争取到良好的职业发展通道和富有竞争性的薪酬待遇。这样不仅可以完成整改，更能打造一支人员稳定的高素质审计人才队伍，做好银行的内部审计工作。

17.3
问题分析与解决过程

李广为了了解审计人员的真实想法，破解审计人员招聘难，留住更难的困境，准备一周后召开座谈会。座谈会邀请人力资源部总经理邓龙、从审计部离职的原信贷审计岗的员工周杰、转岗到金融市场部的审计人员钟山、刚提出离职申请的任我行，以及审计部全体员工。李广做了动员发言，他说："内部审计作为银行的第三道防线，对业务安全、风险防控、内部控制建设、员工行为管理起到至关重要的作用。监管部门对此非常重视，多次强调审计人员的配置和审计人员队伍的建设，高层领导也对审计工作寄予厚望，董事长亲自主管审计部。但是，我们审计部也面临着非常大的压力，一个是工作压力，另一个是审计人员流失的压力，今天我还接到监管部门监管意见，提出我们审计人员配备不足的问题，让我们进行整改。我们准备一周后召开座谈会，我想听一听大家的看法，议题围绕如何能够招聘到合适的审计人员、如何能够留住审计人员、审计如何能够成为大家眼中职场的'香饽饽'展开。"

座谈会应邀人员经过一周的充分准备，如期参加在 D 地方商业银行二楼发展厅召开的座谈会。参会人员一落座，就开始激烈的交谈，现场气氛热烈。李广看到人到齐了，就站起来将双手向下压了压，顿时大家都齐齐看向他，会场马上就安静下来。李广说："今天的会议，我是来听意见的，大家可以敞开了讲，把你们的想法讲出来，把建议讲出来，不管是在审计部的还是已经离开审计部的，我们都从事审计工作，热爱审计工作，工作有汗水也有收获，我们都希望审计工作质量进一步提升。"李广顿了顿，"目前我们的审计人员不稳定，离职离岗的比较多，我想知道真正的原因，以及如何来改变目前的状况。我们荣幸地邀请到人力资源部邓总，他可以从人力资源管理方面给我们审计部提一提建议，如何才能招到合格的审计人员，并建设好这支队伍。"

李广话音一落，审计部副总经理王芳就说："审计部门对外招不到人主要是因为审计职业性价比不高，现在从事审计的人员不如做业务的人员吃香。在职业经理人市场上，审计人员相对收入和受欢迎的程度不如业务人员，所以愿意从事审计工作的人员不多。另外，从事审计业务是一件非常辛苦的事情，经常加班和出差，不如其他岗位稳定，很难照顾到家庭。还有就是这个工作要求审计人员业务能力强，并且所有的业务都需要了解。组织开展审计，发现各项业务中存在的问题，需要花费很大的精力。审计部员工不断离职和转岗，主要是因为审计部晋升渠道狭窄，不如业务部门好晋升，还有就是审计部员工的收入不高，收入没有和审计绩效相挂钩。"

"要想留住审计人员就必须建立审计人员晋升的通道，让审计部成为中高层领导的摇篮，成为培养人才的基地；还要树立正确的审计文化，要坚持职业操守，让审计人员热爱这个职业，培养职业自豪感；还需建立良好的绩效考核体系，按照技术岗位设置员工等级，提高员工的福利待遇，解决审计人员的后顾之忧。"转岗到金融市场部的钟山说。

已经离职的周杰说："我们都喜欢审计工作，但是审计工作确实辛苦，还经常出差，照顾不到家里。我建议在审计技术手段上进行改进，就像我现在所在的单位，大量采取非现场审计技术，利用大数据进行分析，寻找疑点，并且和外部数据进行链接，进行交叉检验，提高审计效率。还有就是建立预警模型，自动提示风险，及时发出审计整改通知，提升审计成果，降低现场审计时间，降低劳动强度，有利于稳定审计人员。"

任我行马上抢着说："周杰说得对，提高非现场审计运用效率必不可少，还要注重审计人员职业生涯规划，不能够到审计部门工作就到了职业终点，无法顺畅流动到其他部门。我建议单位要有与业务部门的轮岗计划，把审计作为职业生涯的起点，并使其受到全行员工的尊重。还有就是审计部门不仅要有行政职务序列，也要有技术序列，毕竟总经理、副总经理、助理这样的行政职务少，对于有能力的人可以评定资深审计师、高级审计师、中级审计师、初级审计师等技术序列职务，满足审计人员职务晋升和薪酬保障，提高审计人员的工作积极性，保持审计队伍稳定。"

"从人力资源管理的角度看，职业和岗位对应聘者的吸引来说无外乎两个方面，一是职业发展前景，是否能够实现个人价值，得到社会和组织机构的认可，未来是否有进一步的发展空间；二是绩效激励是否到位，工作付出和获得的收益是否匹配，是否有足够的社交时间，工作的自由度。应根据审计的特点，合理安排审计的职业发展通道，改变审计的工作模式，利用绩效激励来提高审计人员的工作积极性，引入新技术或创新工作方法，增加岗位轮动的可能性。"人力资源部总经理邓龙说。

"我们要充分利用审计的独立地位，争取全范围地学习业务，提高审计人员的素质和能力；利用董事长主管审计的便利条件，更多地服务企业发展，做到'有为有位'，争取给审计人员更多的表现机会，让优秀审计人员脱颖而出，实现职业的快速发展。"审计部助理杨光说。

座谈会还在继续，原本两个小时的座谈会，已经开了五个小时，与会人员还在激烈地讨论，丝毫没有注意到窗外已经是满天星斗。李广看到大家这样激动，就好像看到未来审计人员充满活力的风采。

17.4 回顾与思考

李广通过大家的讨论，深刻认识到建立一支高效稳定的审计队伍的重要性。人是重要的生产力，干什么事都离不开人，只有调动审计人员的工作积极性，才能进行审计活动，使组织机构远离麻烦、远离案件、减少资产损失、创造效益、合规合法经营、管理制度更加有效，为企业创造价值。所以，通过本案例可知，要想破解审计人员招聘难，留住更难的困境，必须回答和思考以下的几个问题。

1. 你是否同意审计部副总经理王芳说的"审计部门对外招不到人主要是因为审计职业性价比不高"？

2. 如何才能招到合适的审计人员，并留住优秀的审计人员？

3. 你是否同意提高审计的工作效率是留住和吸引人才的重要手段的说法？

4. "有为有位"如何才能实现？怎样才能让审计成为职场"香饽饽"？

5. 你觉得什么样的审计绩效考核能够有效激励审计人员，既能提高工作积极性又能稳定审计人员队伍？

17.5 / 专家提示

专家提示 1

你是否同意审计部副总经理王芳说的"审计部门对外招不到人主要是因为审计职业性价比不高"？

审计职业性价比的问题其实是审计职业发展目标的问题。留不住审计人才确实有绩效不匹配的问题，解决这个问题要明确以下几点。

一是要回答审计人员的职业发展的目标是什么，是向中高层管理者的目标发展还是向一般管理员工发展。说得再清楚一些，审计工作是职业发展的终点还是起点。我们不能把审计作为职业发展的终点，到了审计岗位就意味不会再有职业发展的机会，如果这样，每一个优秀的审计人员都不会愿意长期留在审计队伍中，而是时刻想离开。我们只能将审计工作作为职业生涯的起点，将审计部门作为锻炼人、培养人的摇篮。这样才能吸引人，留住人。

二是审计工作具有很强的专业性，要按照专业人才进行对待。根据《商业银行内部审计指引》的要求，审计人员的薪酬待遇不能低于同级别的其他人员。所以取得高层领导的支持，给予优秀审计人员具有竞争力的薪酬待遇是对审计人员专业工作的认可，也是留住人才的关键。

三是审计工作不同于其他工作，在时间和空间上会经常变化，随之而来的就是长期的加班和出差。所以，审计部门一方面要利用先进的科学技

术，采取非现场审计的方法，减少出差和加班，提高审计工作效率；另一
方面可以采取灵活的作息时间，在保障审计项目按时完成和审计质量优秀
的情况下，实施弹性工作制，给审计人员更多可以自己掌控的时间，满足
其生活的需要，增强审计人员的职业自豪感。

专家提示 2
如何才能招到合适的审计人员，并留住优秀的审计人员？

要想招到合适的审计人员并留住优秀的审计人员，需要做好以下几项
工作。

一是建立完备的审计职业体系，按照审计人员行政序列和技术序列培
养审计人员，规划审计人员的职业发展路径，打通审计人员与银行其他专
业人员之间流动的通道，让审计人员能够自由地选择自己的职业发展路
径。审计人员可以选择审计员—审计助理—审计副总经理—审计总经理—
审计总监的发展路径，也可以选择审计初级审计师—助理审计师—中级审
计—高级审计师—资深审计师等技术发展路径，还可以选择审计员—客户
经理—金融市场交易员—风控专员等跨专业的发展路径。多通道的职业发
展为审计人员的快速成长奠定了基础，也为吸引更多的优秀员工加入审计
队伍创造条件。

二是建立良好的审计文化，利用文化来培养人、留住人。审计文化就
是引导审计人员要尊崇团结向上、诚实敬业、监督服务的审计价值理念，
求真、务实、客观、公正的执业品质，合作、真诚、探索、交流的审计团
队精神。倡导"四有四不"的审计文化内涵。"四有"即开展审计项目
时，要做到有信心、有能力、有方法、有动力完成审计项目。有信心就是
热爱审计工作，有能力就是自身业务素质要高，有方法就是善于灵活处理
审计遇到的问题和阻力，有动力就是要为自己设置更高的审计目标。"四
不"即不放过任何可疑的线索、不姑息任何违规的事件、不拘于任何固定
的模式、不追求漂亮的审计报告。不放过任何可疑的线索才能保证审计工

作质量；不姑息任何违规事件才能保证审计工作有成效；不拘于任何固定模式才能有创新，保证业务健康发展；不追求漂亮的审计报告才能重在审计工作本身，不搞花架子。

三是培养良好的工作氛围和积极友爱的团队精神。人们常说："干什么工作不重要，重要的是和谁一起工作。"良好的工作氛围可以营造和谐的工作环境，让审计人员能在繁重的审计工作中放松心情，积极投入工作中，提高工作效率，减少不必要的内耗。友爱的团队精神可以促进大家相互协助，共同完成审计目标，在枯燥的审计生活中注入清新的气息，激励审计人员快乐地审计、快乐地生活、快乐地工作，增强团队凝聚力。

专家提示 3
你是否同意提高审计的工作效率是留住和吸引人才的重要手段的说法？

关于提高审计工作效率对于留住和吸引人才的作用，我们可以从以下几个方面考虑。

一是提高审计的工作效率，可以减少审计的加班和出差的时间，可以减少审计的繁杂工作量，使审计人员能够有更多的时间学习新的业务，了解新的知识，为审计人员的多维度职业发展奠定基础。在保证审计工作质量的同时，减少不必要的审计整理和分析数据的时间，提高审计人员的职业满意度，更能吸引和留住审计人才。

二是提高工作效率，一方面需要有很强业务能力的审计人员，这些优秀的审计人员是靠不断地学习和实务操作培养起来的，所以审计人员的素质培养是必不可少的。同时，审计人员的素质提升，又给了审计人员职业发展提供了帮助，提升了审计人员的价值，成为其他专业抢手的红人。另一方面提高工作效率需要采取新的审计技术和手段，无形中增加了审计人员的技能，增加了审计人员的职业竞争能力。

三是提高工作效率，可以进一步提升审计成果。提高工作效率，可以在有限的时间内扩大审计范围，增加审计的项目种类，更深入细致地分析数据、提炼数据，发现审计疑点，扩大审计成果，取得被审计单位和审计人员所在单位领导的认可。

专家提示 4
"有为有位"如何才能实现？怎样才能让审计成为职场"香饽饽"？

"有为有位"是说明审计要想有所作为，得到领导和被审计单位的认可，就需要做出优秀的审计项目，为组织减少损失、提高效益，创造审计价值。具体的就是审计工作一定要有成效，能够通过审计发现企业运营过程中存在的损失浪费、违规违纪、风险隐患等问题，并能够分析原因，提出切实可行的解决问题的办法，为企业的健康运行起到保驾护航的作用。

"有为"的作用就是充当领导的眼睛，让领导能够看清楚事情的本质，消除领导决策的疑虑，让领导放心。"有为"还要帮助企业远离案件、远离麻烦，为企业创造效益。只有"有为"了才能得到领导和员工的认可，才能受到尊重，才有职业发展的方向，才有地位，才能让审计职业成为大家眼中的"香饽饽"。

专家提示 5
你觉得什么样的审计绩效考核能够有效激励审计人员，既能提高工作积极性又能稳定审计人员队伍？

关于审计绩效考核对留住人才和吸引人才的作用问题，可以从以下几个方面加以考虑。

一是审计绩效考核可以准确评价审计人员的工作成效，避免出现绩效与工作成效不匹配的现象，也避免出现多劳不多得的情况。审计绩效考核可以促进审计人员认真履职，不断提高审计成效。审计绩效也促进了审计人员的稳定。

二是建立富有竞争力的审计绩效考核体系，可以体现审计人员的价值，丰富职业经验，能够让优秀的专业人员加入审计队伍，吸引更多的人才。审计成果的增加，可以提升审计人员的岗位能力，增加职业竞争力，取得较好的绩效回报，树立良好的职业"人设"，进一步拓展职业发展空间。

三是建立良好的绩效考核，可以使内部审计充满活力、具有挑战性，让审计人员积极应对新挑战、新业务、新环境、新伙伴，及时把控内外部风险，了解业务发展困境，识别内部舞弊，成为科技、信贷、会计、风控等多面手；快速让审计人员成长起来，赢得尊重，提高审计人员的自信心和自豪感，使他们愿意在审计岗位上奉献自己的青春和激情。

内部审计怎样才能
"讨人爱"

推进智能审计发展，助力内部审计提质增效。

——薛岩

18.1
案例背景

　　肖勇是 X 集团公司旗下 D 公司总经理，在现任岗位上工作了 5 年，今年 41 岁，正是意气风发的年龄。肖勇本科学的是工商管理，研究生学的是财务管理。在任 D 公司总经理之前，肖勇曾在集团财务部任副部长 3 年。此次集团公司董事长亲自找他，是想让他出任集团公司审计部部长一职。现任审计部部长因年龄原因将于 1 周后离任。

18.2
事件过程

来到董事长办公室，肖勇还是有些紧张。

"小肖，请坐！请喝杯茶吧！"董事长吩咐下属给肖勇准备茶水，然后直接问道，"你对这次从 D 公司调到集团当审计部部长有什么想法？"

肖勇摸了摸自己的脑袋，有些不自信地说："领导安排，我绝对服从，但我从来没有做过审计工作，只怕辜负领导的期望。"此时，肖勇想起了过去与审计部打交道的情形，对此没有信心。

"你在财务部做得很好，你年轻，有魅力，敢于面对挑战，我们相信你的能力。你也知道，当前我们集团面临的外部环境压力和竞争对手压力不小，内部审计工作非常重要。也快到年底了，给你一周时间，你要尽快了解一下内部审计的工作，转变观念，厘清思路，尽快拿出一套审计方案来。"董事长知道肖勇的能力，也相信肖勇能够领导好内部审计的工作。临走时，董事长拍拍肖勇的肩膀又说："小伙子，好好干！"

出了总部大楼，司机早已等候在楼下。在车里，肖勇一直在回味临走时董事长鼓励的话，思考如何尽快转变观念，争取比前任做得更好。

想着想着，肖勇不禁轻轻地摇了摇头，似乎清晰地记起自己在财务部工作时，常会因审计人员抓住一个小事情要求财务部提供多年会计账簿而烦恼，认为审计就是"招人烦"。自己晋升为财务部副部长后，每当事先知道内部审计要到财务部查账，都会严肃地告诫下属："把账做正规点儿，不要被审计部查出未按制度执行而抓住我们不放。"当年 8 月，集团审计部对 D 公司审计时，发现 D 公司在仓储管理、产品检验、档案管理等内部控制方面存在一些问题。作为 D 公司总经理的肖勇也认为在这些方面有可以改进的地方，于是很痛快地在审计问题和整改建议沟通函中签了字。但在上个月末集团审计部对审计问题整改跟踪评价时，审计人员认为审计问题没有整改到位，相应扣减 D 公司管理层 20% 的年终奖。肖勇解释 D 公司已经就此进行了多次部署，但内部控制问题属于系统缺陷。公司内部有个认识的过程，制度修改也有个报批的过程，不是两三个月就能改好的，不能因此扣减管理层奖金。为此，肖勇还与集团审计部副部长袁梦发生了激烈的争吵。另外，肖勇还回想起在今年年初的一次经营分析会议上，与公司的一位执行董事在闲聊时提到了内部审计工作，这位执行董事抱怨说："每次审计部汇报时，说是发现了许多问题，但从头到尾其实都是一些细枝末节的问题。"

车很快开进了 D 公司的大门，门口的保安给肖勇行了一个标准的军礼。肖勇这才回过神来，原来自己对内部审计工作并不是那么喜欢，现在偏偏领导让自己来管理内部审计，领导真会跟自己开玩笑。但不管如何，既然已经答应领导，现在就要尽快转变自己的观念，与同事一起思考内部审计存在的问题，扭转人们对内部审计的看法，开创内部审计新局面。

回到自己的办公室，肖勇让助理把近几年 D 公司审计部门工作计划与审计工作总结、集团公司历次审计沟通函及审计意见等找出来，他要进行认真研究。肖勇发现审计部的工作其实也很辛苦，并且已经涵盖了公司的主要风险领域以及监管关注点，肖勇感到疑惑的是，为什么过去他就没有对内部审计满意过，并且在与其他子公司领导的日常交流中也没有人对内部审计有过很高的评价。肖勇认为必须从根本上找到扭转内部审计局面的新方案。

18.3 问题分析与解决过程

一周后，董事长亲自在高层会议上宣布任命肖勇为集团审计部部长。肖勇上任的第二天，就让助理通知审计部中层干部上午九点召开一个内部会议。在会议开始之前，肖勇已经做足了功课。

大屏幕上，肖勇用 PPT 首先展示了内部审计的使命（见图 18-1）。

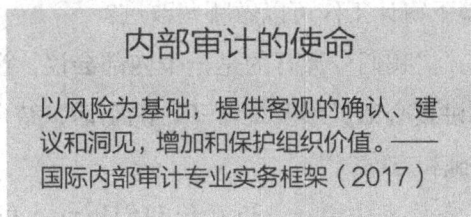

内部审计的使命

以风险为基础，提供客观的确认、建议和洞见，增加和保护组织价值。——国际内部审计专业实务框架（2017）

图 18-1　内部审计的使命

接着，根据 COSO2017 风险管理的"三道防线"（见图 18-2），肖勇提出内部审计在三道防线中的作用。

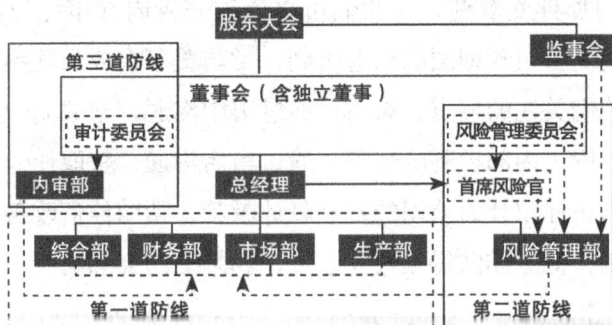

图 18-2　COSO2017 风险管理的"三道防线"

肖勇指出，过去几年内部审计部付出了很多，也的确做了很多有益的事情，提出了一些很好的建议，但坦白说来包括他在内的许多管理者对审计工作并不是很满意，这是为什么呢？当前，集团公司外部竞争很激烈，管理层压力很大，面对新形势、新问题、新态势，审计部门要转变思路，锐意创新，扭转内部审计这种"招人烦"的局面。作为内部审计工作的一位新兵，他提了几个问题，让大家畅所欲言地说出自己的看法和建议。

1. 如何让一线业务部门、职能部门、管理层，以及董事会、股东认可审计工作？

2. 每年审计工作量大，但查出的问题大都是一些细枝末节的小问题，如何提高审计的增值价值？

3. 针对多年审计报告中显示的屡查屡犯的问题，如何发挥内部审计在增值保值中的作用？

4. 在当前环境下审计工作可以做哪些改进？

肖勇又补充到："我们今天开的是一个内部会议，没有其他部门的领导参加，希望大家讲真心话，不要绕弯子、说空话，结合实际情况谈个人的设想及具体的措施和方案。"

审计部副部长袁梦率先说："近几年我们审计人员确实做了许多努力，尽可能改善公司各方面人士对我们的看法，也取得了一定的认可。但由于利益不同，立场不同，毕竟审计部门不是要去树典型、找先进。因此，公司的部分业务部门、职能部门甚至部分领导不太理解内部审计的工作，不太欢迎内部审计来打扰，这也是实情，我们能理解。我们虽然不可能像财务部门那样受欢迎，但我们可以通过完善内部审计与各个业务部门、职能部门及各级管理层的沟通机制，常与董事会成员联系。通过事前沟通，了解他们关注的痛点、难点；通过事中沟通，与他们一起识别风险和应对风险，探讨内部控制的缺陷；通过事后沟通，争取让他们接受审计整改建议，真正让审计为公司的发展献计献策，帮助他们改善公司治理，完善内部控制，把工作做得更好。这样，我想他们会感谢我们的，至少不会厌烦我们。"

　　"感谢我们倒不必要，我们也不能这样去奢望，只求把审计工作做好。不能一查就是大问题，如果那样，说明我们集团公司很糟糕。虽然说内部审计就是防微杜渐，但如果我们的审计报告给人的印象就是揭示细枝末节的问题，查出的问题也屡查屡犯，这说明审计工作的确需要提升。"资深审计项目经理老林说。

　　"关于屡查屡犯的问题，我们审计部是需要反思的。我们需要对已经查出来的问题进行归类，认真分析屡查屡犯的原因。是执行层面的问题还是政策层面的问题。如果是前者，我们应该加强后续跟踪审计，同时与管理层多沟通；如果是后者，我们应该向高层管理者反映，给建章立制提出建议。如果是新出现的问题，我们就要深入研究形势、政策变化后，原来的内部控制政策和程序是否有效，给业务流程再造和动态完善内部控制提建议。当然，也可能是我们的审计报告写作问题，啰唆、缺乏条理，那我们就需要改进写作方式，多讨论、多修改，使审计报告更有价值。"去年刚从财经大学引进的高级人才刘欣博士说道。

　　很快，会议活跃起来。大家畅所欲言，提出了许多建设性的建议，不知不觉三个小时就过去了，已经到了中午十二点。看着大家热烈讨论、丝毫没有停息的场景，肖勇再次信心满满，他有些喜欢上审计工作了，深感在审计部工作也可以实现自己的抱负了。肖勇非常开心，提议自掏腰包请大家吃大餐。

18.4
回顾与思考

肖勇从财务部副部长到子公司总经理，再到审计部部长的职务变迁中，历经了从不理解内部审计到了解审计的艰辛和职责，再到引领内部审计工作创造新局面，这个渐进的过程给人们太多的启示，引发人们很多的思考。通过本案例，我们重点思考以下问题。

1. 怎样理解内部审计的使命？

2. 为什么多数情况下内部审计会给业务部门留下"招人烦"的印象？你认为根源可能在哪里？

3. 你认为内部审计与被审计单位天然就存在利益冲突吗？为什么？

4. 如何理解内部审计在组织风险管理"三道防线"中的功能定位与作用？

5. D公司总经理肖勇与审计部副部长袁梦的争吵说明什么？现在肖勇又作为袁梦的上级，需要向袁梦就当时的争吵进行解释吗？

6. 如何看待部分董事报怨审计报告中的很多问题其实都是一些细枝末节的问题？你同意资深审计项目经理老林的说法吗？

7. 针对审计报告中显示的屡查屡犯的问题，你同意刘欣博士的看法吗？

8. X集团内部审计需要从哪些方面改进或创新，以促进内部审计"讨人爱"？

18.5 专家提示

专家提示 1
怎样理解内部审计的使命？

关于内部审计的使命，主要包括三点。

第一点：增加与保护组织价值是内部审计的目标。

组织是指按一定目标、原则、程序和分工组合起来的人群、团体，如企业、社团、行政事业单位等。组织价值是指通过组织系统内部诸多资源的组合、共生所表现出来的被市场认可的经济价值（经济实力）和被社会认可的社会价值（社会影响力），前者主要指的是企业价值，后者主要指的是非营利组织价值。创造价值包括增加价值与保护价值。这里以企业为例说明管理的核心就是创造价值。

企业是一个以营利为目标的组织，其出发点和归宿都是营利，企业一旦成立，就会面临竞争，并始终处于生存和倒闭、发展和萎缩的矛盾之中，企业必须生存下去才可能获利，而只有不断发展才能求得生存。因此，管理者应以增加企业的市场价值为目标来经营企业的资源。内部审计作为组织中的一个组成部分，其目标当然也是增加与保护组织价值。

第二点：风险与收益的权衡是内部审计思维的出发点。

从企业的角度来讲，风险表现为价值的不确定性，包括可能带来的损失和可能获得的收益。风险就是目标与结果之间的不确定性。总体来说，风险与收益是对等的，高收益伴随着高风险，低风险也伴随着低收益。但这是指一般情况，实际上，如果有正确的经营理念和管理策略，也会实现风险小、利润大的目标。风险是客观存在、不可避免的，这是客观现实，管理的核心就是要在风险与收益的权衡中，控制与利用风险，创造最大价值。内部审计也应以风险为导向，识别、评估和应对风险，帮助组织在一系列不确定因素下，即在风险的伴随中，为利益相关者增加与保护组织价值，最终实现组织目标，完成组织使命。

第三点：提供客观的确认、建议和洞见是内部审计完成使命的方式。这里的确认、建议大家都理解，那么什么叫洞见呢？洞见就是指透彻地了解察知未明的事物。内部审计洞见需要内部审计人员具有敏锐的眼光，发现组织潜在的风险问题，并在审计报告中予以体现。富有洞见的审计报告，是高质量审计的重要体现。审计报告要对问题背后深层次原因进行分析，从完善内控、堵塞漏洞、防范风险、实现发展角度提出审计意见及建议。

专家提示 2
为什么多数情况下内部审计会给业务部门留下"招人烦"的印象？你认为根源可能在哪里？

关于内部审计"招人烦"的问题，主要原因有以下几点：一是内部审计触动了某些部门的既得利益；二是内部审计自身的宣传不够，不能被服务对象理解；三是内部审计人员的工作方式有问题，拿着放大镜让被审计单位陪着找问题；四是内部审计人员的态度有问题，部分人员高高在上，盛气凌人。

专家提示 3
你认为内部审计与被审计单位天然就存在利益冲突吗？为什么？

内部审计的重要作用之一就是解决组织内部的消极因素带来的问题，

因此内部审计与各相关者之间存在冲突是正常的。冲突具有双面性，组织内部存在适度的冲突是正常的、有积极意义的，合理地处理冲突能加强各部门的交流协作，提高组织的工作效率，促进组织目标的实现。基于内部审计的性质，内部审计无法彻底避免冲突，其产生的冲突可以说是与内部审计工作融为一体的。内部审计所产生的潜在冲突复杂多样，但主要是与被审计部门的直接冲突，主要体现在三个方面。一是内部审计无论发现了什么问题，该问题肯定与某部门有关系，可能是由于某部门管理上的疏忽，内部审计人员一定会指出有关部门工作的不足之处，这有可能会引起有关部门的不满。二是内部审计部门发现问题时，可能会提出相应的管理制度修改意见。尽管修改后的制度能够较好地解决出现的问题，但制度的修改可能会打破原来的部门之间的利益平衡，从而引起部门的不满。三是对问题的认识角度。内部审计部门认为发现问题纠正问题对被审计单位是好事，本身就是一种激励措施，但被审计单位认为如何掩盖问题才是对自身的激励。

解决冲突的对策可以从以下几个方面进行考量。一是培养和树立正确的冲突观。在一个企业中，如果部门之间的关系很融洽，矛盾和冲突就被掩盖了，问题就不能够表现出来，更不可能得到解决，反而更加对公司的管理不利，有很大的安全隐患。而且组织里面的冲突是双面性的，对于正常的冲突，不同的部门如果处理得当会提高公司的管理水平。二是建立跨部门沟通机制。不同部门之间沟通机制的建立，比如角色互换、不同部门间的沟通和交流以及信息方面的交流等，都有助于不同部门之间冲突的解决。审计方面的沟通贯穿于内部审计的各个环节，针对被审计部门对内部审计工作感到抵触的状态，可以让被审计部门的相关管理层参与审计目标的制定，或者参与内部审计工作的执行过程，以及将审计工作中的所有发现，包括对被审计部门的肯定，及时向被审计部门报告，以此与被审计部门取得更好的联系。三是建立共同愿景。不同部门之间产生冲突的根本原因是缺乏组织利益高于部门利益的共同组织目标和共同使命。不同部门之间要建立共同的愿景，就要加强组织间的交流和学习，还要加强各部门间的团队协作意识。被审计部门应该意识到内部审计部门与他们是一种促进和协作的关系，而并非敌对的关系，最终都是为了促进企业共同目标的实现。审计人员在审计工作中要保持时刻为他人服务的心态，而不要把自己看作监督人员，来监督、评判别人的工作进展，同时也不能固执于自己的意见和态度，应该听取别人的意见，看看被审计部门有没有什么新的见解，避免给他们造成很大的压力，使被审计部门的员工产生抵触的心理。四是建立培训机制。内部审计部门的员工可以到其他被审计部门培训，进而加强部门间的交流，也加深了审计部门对被审计部门的了解和感受；同时可以减少因语言理解等方面产生的偏差，避免造成不必要的麻烦；也可以加强彼此之间的熟悉程度，避免因沟通障碍产生分歧，增进审计部门和被审计部门的联系，使双方能够更好地理解对方的工作。这改变了双方的态度和行为，增强了组织间的协作意识。

专家提示 4
如何理解内部审计在组织风险管理"三道防线"中的功能定位与作用？

　　由于内部审计部门的独立性、客观性以及董事会赋予内部审计部门在风险管理中的权力，内部审计能在战略决策中发挥独一无二的第三道防线作用。在重大的战略决策中，内部审计需要从独立、客观的角度来帮助企业应对风险。这主要是因为，一旦战略风险领域发生诸如资本项目、并购重组和产品项目等方面的失败，就会对企业市值产生巨大的潜在影响。根据国际内部审计师协会于 2018 年对内部审计在全面风险管理中作用的检查结果，内部审计在战略决策的风险管理中发挥着核心作用，即对战略决策风险管理过程进行确认，对战略决策风险是否进行过正确评估进行确认，对战略决策风险管理过程进行评估，对战略决策的关键风险的报告进行评价以及对关键风险的管理进行审查。内部审计人员通过对这些领域进行确认服务，为组织的战略决策保驾护航。

专家提示 5

D 公司总经理肖勇与审计部副部长袁梦的争吵说明什么？现在肖勇又作为袁梦的上级，需要向袁梦就当时的争吵进行解释吗？

D 公司总经理肖勇与审计部副部长袁梦的争吵，说明各自所处的位置不同，看问题的角度不一样。争吵本身也是冲突的一种表现。现在肖勇与袁梦已经是同一战壕中的战友，自然也不需要所谓的解释。

专家提示 6

如何看待部分董事报怨审计报告中的很多问题其实都是一些细枝末节的问题？你同意资深审计项目经理老林的说法吗？

审计报告中的很多问题其实都是一些细枝末节的问题，的确说明审计工作有需要提升的空间。这其实就是对审计发现的认识问题。审计发现通常可分为三类：重大发现、重要发现、一般发现。只有重大发现才是值得报告的发现，一般发现在审计过程中就可以解决，无须在审计报告中体现。

专家提示 7

针对审计报告中显示的屡查屡犯的问题，你同意刘欣博士的看法吗？

关于屡查屡犯的问题，我们认为刘欣博士的分析是有道理的。出现问题不能一概而论，需要认真分析问题出现的原因，找到根源，才能从根本上杜绝屡查屡犯的情况发生。如果是政策层面的问题，就需要从制度和政策层面进行解决，增加制度和政策的可执行性，而不是照搬照抄规定；如果是执行层面的问题，就需要通过设计系统控制的程序，将人工控制变为系统控制，减少人为干预的机会，同时，还要加强监督和问责机制建设，增加违规成本，以此来解决屡查屡犯的问题。

专家提示 8
X 集团内部审计需要从哪些方面改进或创新，以促进内部审计"讨人爱"？

如何让内部审计更受欢迎，是内部审计很关心的问题，对此可能有许多的建议。个人认为，以下几点可以参考。

一是寻找满足审计相关利益方关切的"最大公约数"，就是找寻内部审计成功和受欢迎的机会。领导希望内部审计做到怎样；组织发展战略要求内部审计做到怎样；具体执行人期待内部审计做到怎样；标杆单位内部审计工作已经做成怎样。盘点所有相关利益方需求就是找寻内部审计成功和受欢迎的机会。建议肖勇利用刚刚上任的这个时机，对内部审计部思考一下，将所有可能满足相关利益方的需求机会列一个清单，取其中"最大公约数"。要想得到别人的欢迎，首先就要提供别人需要的东西。别人觉得你有用，才愿意主动去找你。你所在的单位各方面需求是什么，将最大的需求点找出来。这个需求点一定也是各利益相关方认同的一个痛点。

二是培养远见卓识与洞见未来的内部审计视野。相关利益方希望内部审计人员一定要了解所在公司的使命、战略、目标以及相关风险。想别人想到的，做别人做到的，这仅仅是完成任务而已。想别人没想到的，做别人没做到的，往往才会创造惊喜，受人欢迎。内部审计应以风险评估为导向，主动找到内部审计工作中的亮点、创新点、提升点，充分考虑当前和未来风险对单位的影响，以顶层的视野向高管层和董事会提供洞见未来的有用信息，给领导惊喜，让同级部门感到有帮助。这样内部审计才会成为受欢迎的"香饽饽"。审计的眼界决定了审计的世界。

三是从一线来到一线去，深入基层练内功。内部审计要深入基层，这样不但能够发现问题，还能找到解决问题的方法。不深入现场，不懂得基层的审计都是空谈。如果要让大家都重视内部审计，喜欢内部审计，一定要有群众基础。亲临现场，开展实地审计调研，发现问题，传递经营理念、鼓舞一线员工的士气、提高员工水平与能力，以点带面，检查组织各项政策、措施的落实效果、改进空间，这样的审计谁会不欢迎？

四是充分彰显内部审计的价值。之所以被审计部门主动接受内部审计，欢迎内部审计，是因为内部审计具有价值，即增加与保护组织价值。价值要能够充分量化，以风险为基础，提供独立、客观的确认、建议和洞见，最终以促进单位完善治理、增加和保护组织价值为衡量标准。

五是将营造良好的审计环境视作极具价值的战略投资。备受欢迎的内部审计得益于过硬的审计内功，更依赖于良好的审计环境。审计对环境的感受来自以下问题的深思：你所在的组织是否倡导诚信正直企业文化核心价值观？主要领导对内部审计的看法和支持力度怎样？内部审计定位是否适当，资源得到充分保障了吗？内部审计能保持客观，并且免受不当影响吗？被审计单位对审计理解并愿意配合吗？良好的审计环境，犹如一把能为审计人员遮风挡雨的伞。良好的审计环境往往可遇而不可求。当一切营造环境的努力都几乎荒废之后，不妨考虑 "良禽择木而栖，贤臣择主而事"。有限的职业生涯还是用在相对更契合的地方。良好的审计环境是内部审计发挥作用的根本保障。

丛书后记

从某种角度讲，内部审计诞生于经济，同时也服务于社会发展。一次偶然的机会，某位协会领导触动并激发了大家创作"内部审计工作法系列"丛书的热情，他说："你们应该把自己宝贵的工作经验与理论相结合，向内部审计实务工作者传递好这些内部审计先进的理念、技术与方法。"于是，在丛书编委会的统筹下，作者们开始辛勤调研、认真写作，并按照分工，有序地推进写作任务，经过无数个不眠之夜，终于使"内部审计工作法系列"丛书付梓，可谓天道酬勤，值得庆贺。

本套丛书筹备初期、编写期间以及出版过程中，诸多教授、学者和内部审计实务工作者对丛书提出了宝贵的意见并给予充分的肯定与鼓励。2021年5月19日，丛书主创人员在宁波召开了中期汇报会，其间，全国部分省市内部审计协会新老领导们一致认为"本套丛书是他们记忆中全国首套成体系的内部审计实务丛书，非常有意义"，这个评价激发了我们极大的创作热情。丛书出版过程中，特别感谢第十一届全国政协副主席、审计署原审计长、中国内部审计协会名誉会长李金华亲自审阅本丛书并作总序；感谢李如祥副会长、时现副校长、李若山教授对图书的高度评价，并为丛书作推荐序；感谢中国内部审计协会原副会长兼秘书长易仁萍老领导对本套丛书的精心指导与帮助；感谢王光远教授对本套丛书的关心与关注；感谢陈焕昌、范经华、尹维劼、许建军、王勤学、何小宝、徐善燧、陈德霖、许兰娅、翁一菲、陈建西、沈谦、吴晓荣、沈静波、缪智平、高垚、林朝军、毛剑锋、全国义、杨辉锋、薛岩、雷雪锋、罗四海、施曙夏等人在丛书调研与写作过程中给予的大力支持。

在本套丛书初稿形成，我们又组织专家进行多次的线上讨论，部分专家前辈提出建议：为给人以启示，传递正能量，希望在每章首页中插入以内部审计为主题的名言警句。在此，感谢中国内部审计协会新老领导、内部审计领域的专家学者为本书提供精辟而富有哲理的名言警句，感谢审计署内部审计指导司、北京市内部审计协会、湖南省内部审计协会、浙江省内部审计协会、山东省内部审计协会、福建省内部审计协会，成都市审计学会以及宁波市内部审计协会、上海铭垚信息科技有公司、宁波南审审计研究院等单位的大力支持！

丛书的出版离不开人民邮电出版社全程地跟进服务，他们很专业、很敬业；离不开李越、林云忠委员组织协调，他们为丛书的调研与写作提供了有力的保障；更离不开袁小勇教授统筹丛书编写架构，统一丛书编写要求，统领丛书进度与审稿等，他为此投入了极大的精力并倾注了极大的心血。

时代在前进，理念在发展，本套丛书错漏之处在所难免，恳请读者批评指正，我们会再接再厉，希望有机会再为广大读者创作更为专业、系统的内部审计工作法系列实务丛书，为实务工作者增值，为企业增效，为社会增进！

丛书编委会

2022.5.16